よくあるお悩みからレアケースまで

新版

自治体人事評価 Q&A

早稲田大学 政治経済学術院教授

稲継 裕昭 著

ぎょうせい

は し が き

　本書は、人事評価を行う評価者の方々が、評価の際に留意すべき点などを解説したマニュアルです。自治体の評価者である部課長さんや係長さんを主たるターゲットとしていますが、国家公務員や、独立行政法人等の政府関係機関の評価者の方にもお使いいただけるものになるように心がけました。また、民間企業においても、基本のところは変わらないと思います。

　国家公務員法改正に続き、地方公務員法も改正され、平成28年度から人事評価制度が本格的に導入されました。その主たる狙いは、能力・実績に基づく人事管理の徹底と、組織全体の士気高揚、公務能率の向上、という点です。

　旧法で規定されていた勤務評定制度のもとでは、評価項目が不明瞭・あらかじめ明示されていなかったり、評価結果の被評価者への通知がなかったり、人事管理に十分活用されていなかったりしていました。しかし、新しい法律のもとでの人事評価制度では、能力評価と業績評価の両面から評価して、人事管理の基礎とするべきことが規定され、また、評価基準の明示や評価結果の本人への開示の仕組みなどが想定されています。

　人事評価制度を設計・運用するのは人事担当部局ですが、それがうまく軌道に乗るかどうかは、すべて現場の評価者にかかっています。管理監督者である人事評価者が、制度をきちんと理解し、しっかりとした運用に努めることが、何より必要になってきます。

　本書は、評価者が、評価の際にぶつかると思われる疑問についてQ&A形式で回答するとともに、評価に当たってぜひ心がけていただきたいことなどについて、できるだけわかりやすく書き下ろしま

した。

　執筆に際しては、総務省の研究会報告書や、国の人事評価ガイド、各種通知も参考にしています。私自身もいくつかの政府の研究会に参加させていただきましたが、そこで得た知見をできるだけ活かすように心がけました（導入された国家公務員の人事評価制度についても内閣人事局で検討会がもたれ運用の改善が行われています。詳しくは、稲継裕昭・鈴木毅著『国家公務員の人事評価制度』（成文堂、2024年）をご参照ください。）。

　執筆の各段階では、これまで色々な形で人事評価制度の設計や運用にかかわらせていただいた数多くの団体の方々からその後の運用実態についてお聞かせいただきそれを盛り込むことに努めました。また、総務省公務員部の方々からも大変参考になるご意見を頂戴致しました。ただし、文責はすべて私にあります。書き足りないところなどがあれば、改訂版を出す際に加筆修正したいと思いますので、ぜひ、ご意見をお寄せください。

令和6年8月

稲継裕昭

目　次

はしがき

STEP 1　人事評価Q&A：基礎編 …………………………………… 1

1　人事評価制度の基本 ………………………………… 3
　Q1　人事評価の基本的仕組み ………………………… 3
　Q2　勤務評定と人事評価の違い …………………… 6

2　評価の基本原則 …………………………………… 11
　Q3　人事評価の基本ルール ………………………… 11
　Q4　評価誤差の種類 ………………………………… 13
　Q5　フィードバックの必要性 …………………… 17

3　評価要素の組み合わせ方 ……………………… 21
　Q6　人事評価の要素 ………………………………… 21
　Q7　絶対評価と相対評価 ………………………… 24
　Q8　能力評価の方法 ………………………………… 28
　Q9　簡易コンピテンシー ………………………… 32

4　目標管理の手法 …………………………………… 36
　Q10　目標管理制度の導入理由 …………………… 36
　Q11　目標管理の２つの側面 ……………………… 39

5　人事評価結果の活用 …………………………… 43
　Q12　評価結果の活用 ……………………………… 43
　Q13　評価結果の反映期間 ………………………… 49
　Q14　絶対評価の相対化 …………………………… 51
　Q15　人材育成への活用 …………………………… 54

i

Q16 任用への活用 ……………………………………… 57

Q17 分限処分への活用 ………………………………… 59

Q18 給与への反映 ……………………………………… 63

STEP 2 　人事評価Q&A：実践編 ……………………… 65

1　人事評価に当たって ……………………………………… 67

Q1 評価者として求められる姿勢 ………………………… 67

Q2 公平性・客観性を確保するには ……………………… 70

Q3 評価誤差・評価エラーを避けるために ……………… 73

Q4 業績評価のみで足りるか ……………………………… 76

2　評価シートの書き方 ……………………………………… 80

Q5 目標管理シートの書き方 ……………………………… 80

Q6 目標の表現方法 ………………………………………… 88

Q7 曖昧な環境下での目標設定 …………………………… 90

Q8 定型的な部門における目標設定 ……………………… 93

Q9 難易度の調整法 ………………………………………… 98

Q10 組織目標と個人目標の統合 ………………………… 101

Q11 個人目標と上位目標との連結 ……………………… 103

Q12 目標の連鎖の具体例 ………………………………… 106

3　評価面談の方法 ………………………………………… 108

Q13 面談の重要性・心構え ……………………………… 108

Q14 面談開始前の準備 …………………………………… 111

Q15 面談の進め方 ………………………………………… 113

Q16 期首面談の進め方 …………………………………… 116

Q17 中間面談の進め方 …………………………………… 121

Q18　期末面談の進め方 ……………………………………… 124

Q19　よりよい面談を行うためには …………………………… 130

Q20　評価結果の開示範囲……………………………………… 133

Q21　評価結果をフィードバックする際の留意点………… 135

Q22　評価面談を確実に行うためには ……………………… 137

4　例外ケースへの対応 …………………………………………… 139

Q23　部下が専門職の場合の評価 …………………………… 139

Q24　管理能力のない上司と評価 …………………………… 142

Q25　離れた部署での評価……………………………………… 144

Q26　兼務の場合の人事評価 ………………………………… 147

Q27　会計年度任用職員の人事評価………………………… 149

Q28　定年引上げと人事評価 ………………………………… 151

Q29　短時間勤務職員の評価 ………………………………… 153

Q30　テレワーク等を利用している職員の評価 …………… 154

Q31　留学中の職員の評価……………………………………… 155

Q32　休職中の職員の評価……………………………………… 156

Q33　人事管理上配慮が必要な職員の評価 ………………… 157

5　被評価者に求められること ………………………………… 158

Q34　被評価者が留意しておくべきこと……………………… 158

Q35　自己評価に当たっての留意点………………………… 161

STEP3　発展編：より納得性の高い人事評価のために …… 163

第1章　人事評価を活かすための10のポイント …………… 165

ポイント1　評価制度の「意義・目的」をきちんと認識
　　　　　　しておく ……………………………………… 166

ポイント2	評価制度の「役割」をしっかりと認識しておく	168
ポイント3	人材育成基本方針と評価マニュアル・評価基準をよく理解しておく	170
ポイント4	人事評価は管理職の「本来業務」であることを自覚する	173
ポイント5	人事評価はきちんと「制度化」されていることが重要	175
ポイント6	上司と部下との日常的な「信頼関係」がカギ	177
ポイント7	「事実」に基づいて評価する	178
ポイント8	「組織の目標」をメンバーに共有させる	184
ポイント9	二次評価者との間の「評価面談」も大切	189
ポイント10	「何のために評価するのか？」を常に振り返ること	193

第2章　評価の精度を高めるための人事評価研修 ········ 195

1　人事評価研修の重要性 ························· 196

2　人事評価研修の目的と手順 ····················· 201

3　人事評価制度の具体例 ························· 203

用語集 ····································· 206

索引 ······································ 210

COLUMN

- ・評価者が陥りやすい評価エラー —————— 15
- ・評価基準公表の重要性 —————— 20
- ・育成の論理と選抜の論理 —————— 27
- ・性格評価の排除 —————— 31
- ・コンピテンシー辞書 —————— 35
- ・目標による管理 —————— 38
- ・職位や活用分野に応じたウエイト配分 —————— 48
- ・点数制の採用 —————— 53
- ・下位評価について —————— 62
- ・使い手にやさしい人事評価制度 —————— 69
- ・業務目標とは何か —————— 92
- ・目標のブレイクダウン —————— 105
- ・コーチングとは —————— 110
- ・人材育成基本方針策定指針の改訂（令和５年12月）— 171
- ・行動等の観察（評価事実の収集）—————— 179
- ・行動観察記録票、人材育成シート —————— 181
- ・組織目標と連動した個人の業績目標の設定の事例 — 186
- ・調整の進め方 —————— 191
- ・自前でのモデル人事評価者研修実施例 —————— 199

＊本書は以下に示す総務省や内閣人事局の作成した資料等からも引用しています。
　WEBで入手できるものも多くありますので参考にしてください。

●第18次公能研報告書
「地方公共団体における人事評価システムのあり方に関する調査研究
　―新たな評価システムの導入に向けて―」
（地方行政運営研究会第18次公務能率研究部会、平成16年３月）
http://www.soumu.go.jp/iken/jinzai/houkoku18.html

> この報告書は、一部解説を加えて、次の単行本としても出版されています。
> 『地方公共団体における人事評価システムのあり方―導入のための提言とモデル例』
> （地方公共団体人事評価システム研究会、第一法規、平成18年）

●活用研報告書
「地方公共団体における人事評価の活用等に関する研究報告書」
（地方公共団体における人事評価の活用等に関する研究会、平成21年３月）
http://www.soumu.go.jp/main_sosiki/kenkyu/chihou_jinjihyouka/kenkyu_report.html

●運用研報告書
「地方公共団体における人事評価制度の運用に関する研究会報告書」
（地方公共団体における人事評価制度の運用に関する研究会、平成23年３月）
http://www.soumu.go.jp/main_sosiki/kenkyu/jinjihyouka/

> 平成25年３月に、後続の研究会の報告書も出ていますが、上の方が実用的です。

●内閣人事局・人事院「人事評価ガイド」令和６年４月
《制度全般編》《評価者・調整者の手続編》《被評価者の手続編》
https://www.cas.go.jp/jp/gaiyou/jimu/jinjikyoku/jinji_d.html

> 国家公務員の人事評価制度についての公式のガイドブックです。随時更新されて
> います。このWEBページには、国家公務員の人事評価に関するさまざまな情報が
> 集約されており、次のような資料もあります。
> 「面談ガイドライン」（令和４年６月内閣人事局）
> 「成績不良者の能力・意欲向上マニュアル」（令和４年３月内閣人事局）
> 「障害を有する職員の人事評価について」（平成30年12月21日人事政策統括官通知）

●稲継裕昭・鈴木毅『国家公務員の人事評価制度』（成文堂、令和６年）

> 国家公務員の人事評価制度がどのように導入され、これまでどのような改善の議
> 論がなされてきたのか、人事評価の課題やそのあり方、国の有識者検討会での議
> 論、今後のあるべき方向性について紹介したものです。鈴木さんは、令和２年内
> 閣人事局に設置された「人事評価の改善に向けた有識者検討会」の運用に当たっ
> た内閣官房内閣人事局の担当参事官（当時）で、稲継（著者）は懇談会の構成員
> の１人でした。

STEP 1

人事評価Q&A

基礎編

人事評価をするに際してはさまざまな悩みに直面することも多いでしょう。はじめての場合はなおさらです。

　STEP 1は「基礎編」として、人事評価の基礎的事項についてQ&A形式で整理しました。項目は下のような体系となっていますが、読者が特に悩まれている項目を参照されるとよいでしょう。はじめて人事評価者となった方は通読していただいた方がよいと思います。

　なお、各設問においては、Qに対して、Aを簡潔に示した上で、詳細については、「解説」としました。QとAだけをざっと読み通すだけでも、要点を理解することができるように努めました。

① 人事評価制度の基本
② 評価の基本原則
③ 評価要素の組み合わせ方
④ 目標管理の手法
⑤ 人事評価結果の活用

Chapter 1 人事評価制度の基本

Chapter 1
人事評価制度の基本

Q1 人事評価の基本的仕組み

地方公務員法で規定している人事評価制度について、簡単に教えてください。

STEP
1

基礎編

A 　評価の方法としては、「能力評価」と「業績評価」の2本立てとするのが一般的です。能力評価においては、潜在的な能力を評価するのではなく、職務上とられた行動をもとに能力評価を行います。業績評価は、目標を立てその達成度で評価する目標管理による業績評価が主流です。

　人事評価においては、公平性・透明性を確保して、被評価者の納得を得ることが何より重要です。そのためには、評価基準を公表するとともに、本人へのフィードバックについて細心の注意が必要です。評価者の評価視線の目揃いをするための評価者訓練も繰り返し行われる必要があるでしょう。

解説

　まず、評価の方法としては、国家公務員についてと同様、地方公務員についても、能力評価と業績評価の2本立てとすることが規定されています（地方公務員法第6条）。

　評価において、被評価者の納得を得るためには、評価者の評価能

3

力の向上が不可欠です。評価者研修を地道に継続していくことが重要です。

　人事評価の基準、方法を職員に明示する必要があるのは、人事評価の客観性・職員の納得性を確保する観点から当然です。どのような項目で、どういった基準で、いつ実施するのかを、被評価者に示しておく必要があります。さらに進んで、期待する人材像、人材育成基本方針等も含めた人事行政の取組を住民に積極的に公表・発信することが、自治体の人事行政に対する住民の信頼を高めることにもつながると考えられます。

　評価のプロセスにおいて、面談は不可欠です。目標設定やフィードバックなどの各段階において良好なコミュニケーションのもと、人事評価の本来の目的である人材育成、組織力アップにつなげるための面談をきっちりと行うことが望まれます。

> **Chapter 1** 人事評価制度の基本

図表1 人事評価の基本的な仕組み

①**評価の方法**：能力評価及び業績評価の２本立て実施

- ・能力評価：職務上とられた行動をもとに絶対評価
- ・業績評価：目標の達成度合に加え目標以外の業績等も勘案し絶対評価

②**評価者訓練**：各評価者への研修等

③**評価基準の明示**：評価項目、基準、実施方法等の明示

④**自己申告**：被評価者が自らの業務遂行状況を振り返り自己申告を実施

　面　　談：評価者と被評価者が話し合い、目標設定やフィードバックを実施

　フィードバック：結果の開示、今後の業務遂行に当たっての指導・助言を実施

⑤**苦情対応**：評価に関する苦情に対応する仕組を整備

- ・苦情相談：相談員による簡易迅速な処理
- ・苦情処理：処理委員会による審査など厳格な手続での処理

（出典）運用研報告書

STEP
1

基礎編

5

Q2　勤務評定と人事評価の違い

そもそも、人事評価制度は、法律上どのように位置づけられているのでしょうか？

また、以前の勤務評定とはどこが違うのでしょうか？

A　昭和20年代に制定された国家公務員法、地方公務員法には勤務評定についての簡単な規定が置かれました。その後60年間この規定が生きていましたが、平成19年（2007年）国家公務員法改正が行われ、勤務評定に代わり人事評価制度の規定が置かれました。評価についてより詳しく定められるとともに、法律を受けた政令では、能力評価と業績評価の2本立てとすることなどが規定されています。

地方公務員法に関しては、政治的事情による2度の廃案を経て、平成26年4月に成立し、平成28年に施行されました。そこでは人事評価の意義を明確化するとともに、任用、給与、分限その他の人事管理の基礎とすることが明記されています。また、能力評価と業績評価の2本立てとすることは、地方公務員法の中で規定されました。

解説

昭和25年に制定された地方公務員法では、その第40条（勤務成績の評定）として、「任命権者は、職員の執務について定期的に勤務成績の評定を行い、その評定の結果に応じた措置を講じなければな

Chapter 1 人事評価制度の基本

図表2 人事評価と勤務評定

○人事評価とは

任用、給与、分限その他の<u>人事管理の基礎</u>とするために、職員がその職務を遂行するに当たり、<u>発揮した能力及び挙げた業績</u>を把握した上で行われる勤務成績の評価

→ 職員の執務の状況を把握、記録するツールとしての性格は勤務評定と同様

STEP

1

基礎・編

※基本的な性質は変わるものではないが、定義・位置付けを明確化

〈勤務評定との比較で強調されるポイント〉　〈具体的システム〉

○能力・実績主義を実現するためのツール
○人事の公平性・公正さを担保するもの
○人事システムの客観性・透明性を高めるもの
○人材育成につなげるもの

①能力評価及び業績評価
②評価者訓練
③評価基準の明示
④自己申告、面談、フィードバック
⑤苦情処理　など

勤務評定と規定変更なし
（既に同様規定あり）

○職員の任用は、<u>受験成績、人事評価（勤務評定）その他の能力の実証に基づいて</u>行わなければならない
○人事評価（勤務評定）は<u>定期的に行わなければならない</u>
○任命権者は、人事評価（勤務評定）の<u>結果に応じた措置</u>を講じなければならない

※参照条文：地方公務員法第6条、第23条、第23条の2、第23条の3

（出典）運用研報告書

7

らない。」と規定していました。これが、従来の勤務評定制度の根拠規定となっていました。

　国家公務員法においても同様の「勤務評定」に関する規定がありましたが、平成19年の国家公務員法改正により、それに代わって、「人事評価制度」の規定が置かれました。国家公務員の場合は、この国家公務員法の規定、及びその委任を受けた「人事評価の基準、方法等に関する政令」（人事評価政令）、「人事評価の基準、方法等に関する内閣官房令」（人事評価内閣官房令）、人事院規則などにより、人事評価の詳細が決められています。

　地方公務員法についても、同様の改正が目指され、地方公務員法改正案が国会に上程されましたが、衆議院の解散等により２度の廃案を経験しました。しかし、平成19年国家公務員法改正に合わせた形での地方公務員法の改正が３度国会に提出され、平成26年４月25日に可決成立し、５月14日に公布され、平成28年４月１日に施行されました。

　改正法では、「人事評価」を「任用、給与、分限その他の人事管理の基礎とするために、職員がその職務を遂行するに当たり発揮した能力及び挙げた業績を把握した上で行われる勤務成績の評価」と定義するとともに、第３章第３節に人事評価の節を置いて、公正性の原則や、「人事評価を任用、給与、分限その他の人事管理の基礎として活用する」ことなどの原則を規定しています。この法律を受けて、詳細については、各自治体の条例や首長の規則・要綱などによって規定することになります（改正法第23条の２第２項）。従来の勤務評定の規定（第40条）は、改正法の施行とともに削除されました。

Chapter 1　人事評価制度の基本

○ 国家公務員法
第4節　人事評価
（人事評価の根本基準）
第70条の2　職員の人事評価は、公正に行われなければならない。
（人事評価の実施）
第70条の3　職員の執務については、その所轄庁の長は、定期的に人事評価を行わなければならない。
2　人事評価の基準及び方法に関する事項その他人事評価に関し必要な事項は、人事院の意見を聴いて、政令で定める。
↓
○人事評価政令（人事評価の基準、方法等に関する政令）
（人事評価の方法）
第4条　人事評価は、能力評価（職員がその職務を遂行するに当たり発揮した能力を把握した上で行われる勤務成績の評価をいう。以下同じ。）及び業績評価（職員がその職務を遂行するに当たり挙げた業績を把握した上で行われる勤務成績の評価をいう。以下同じ。）によるものとする。

STEP
1

基礎編

○ 地方公務員法の改正（平成26年5月14日公布、平成28年4月1日施行）

第6条第1項　……、人事評価（任用、給与、分限その他の人事管理の基礎とするために、職員がその職務を遂行するに当たり発揮した能力及び挙げた業績を把握した上で行われる勤務成績の評価をいう。以下同じ。）……

第3節　人事評価

（人事評価の根本基準）

第23条　職員の人事評価は、公正に行われなければならない。

2　任命権者は、人事評価を任用、給与、分限その他の人事管理の基礎として活用するものとする。

（人事評価の実施）

第23条の2　職員の執務については、その任命権者は、定期的に人事評価を行わなければならない。

2　人事評価の基準及び方法に関する事項その他人事評価に関し必要な事項は、任命権者が定める。

3　前項の場合において、任命権者が地方公共団体の長及び議会の議長以外の者であるときは、同項に規定する事項について、あらかじめ、地方公共団体の長に協議しなければならない。

（人事評価に基づく措置）

第23条の3　任命権者は、前条第一項の人事評価の結果に応じた措置を講じなければならない。

（人事評価に関する勧告）

第23条の4　人事委員会は、人事評価の実施に関し、任命権者に勧告することができる。

Chapter2　評価の基本原則

Chapter **2**
評 価 の 基 本 原 則

Q3 人事評価の基本ルール

人事評価に当たっての基本ルールにはどのようなものがありますか？

STEP
1

基礎編

A 　人事評価を適正に行うためのルールとしては、事実評価の原則、評価期間独立の原則、評価基準に基づく評価の原則などがあります。評価者はこの基本ルールに則って評価できているか常にチェックすることが必要です。また、被評価者も自身が正しく評価されているか確認するためにも基本ルールを理解しておきましょう。

解説

■ 事実評価の原則

　想像や憶測ではなく、客観的な業績や職務遂行上の行動等の事実に基づき評価を行います。

　例えば、「ある窓口で失態があったそうです」といった噂や想像を上司は評価の対象とすることはできません。

11

■ 評価期間独立の原則

過去の業績や勤務時間外の行動等にとらわれることなく、評価対象期間の職務遂行の状況や結果に基づき評価を行います。

例えば、前年度に大失敗していても、本年度の評価に影響はありません。反対に、前年度に優れた業績や行動があっても本年度の評価に影響はありません。

■ 評価基準に基づく評価

評価基準に照らして評価を行います。逆にいえば、評価基準にない項目での評価は行いません。

例えば、「積極性」に関する評価項目がない場合に、積極性のなさを理由に評価を下げることはできません。

■ 職務行動評価の原則

人事評価の対象となるのは、仕事に関する行動であり、またその結果です。自宅でパソコンを活用し、IT技術に長けた職員であっても、そのスキルが職務遂行上の行動や業績として表れていない場合には評価の対象とすることはできません。

私生活など職務に関係のないことは評価の対象とはなりません。ただし、私的な行為であっても、職務に影響があればその部分については評価の対象になります。

また、性格、人柄、人間性や人格を評価するのではありません。人物評価をもとに人事評価を行ってはいけません。あくまで、職務における行動や結果を評価するということを心掛けてください。

Chapter2 評価の基本原則

Q4 評価誤差の種類

評価誤差にはどのようなものがあるのでしょうか？

STEP
1
基礎編

A 評価誤差とは、「評価者が無意識のうちに陥る誤り」を指し、主なものに、ハロー効果、寛大化傾向、中心化傾向、対比誤差、逆算化傾向などがあります。

「ハロー効果」とは、被評価者に対する何か１つの印象から、すべての項目について同じように評価してしまう傾向です。

「寛大化傾向」とは、評価が甘くなる傾向、逆に、「厳格化傾向」とは評価が辛くなる傾向、「中心化傾向」とは、評価が中位に集中してしまう傾向のことです。いずれも、評価者がきちんとした評価をしていない場合に陥りがちなエラーです。

「対比誤差」とは、評価者が自分の能力を基準として評価してしまうことをいいます。

「逆算化傾向」とは、最初に総合評価を行って得点を出し、その得点になるように各評価項目の調整を行うことをいいます。

これらは、いずれも客観的な評価とはいえないため、それを避ける工夫が必要になってきます。

解説

■ ハロー効果への対策：具体的行動事実で評価する

「ハロー効果」とは、人間が無意識のうちに陥る心理的特性、主観による偏りの１つです。ある特定の事態、あるいは過去の一時点

13

で非常に優れた能力を発揮したり、逆に非常に重大なミスをしたりした場合、他の事態や時点に発揮した能力が見えなくなり、「すべての点で優れている」、あるいは逆に「すべての点で劣っている」という全体的印象を持ってしまうことをいいます。ハローとは、聖像の光背（光輪）のことで、「後光効果」とも呼ばれます。

　対策としては、評価基準を明確にした上で、被評価者の具体的行動事実を取り上げて評価する仕組みとし、評価者もそれを留意して評価することが重要です。また、順番に被評価者１人ひとり、評価項目全体を評価していくのではなく、評価項目ごとに被評価者を順に評価していくこともハロー効果を弱めるのに効果的でしょう。

■ 寛大化傾向への対策：目的の再認識、自信を持って評価する

　評価の上ぶれは、「自分だけ厳格に評点をつけると部下が不利になる」「フィードバックの際に衝突を避けたい」などの配慮から、起きてしまいます。評価者の自信のなさの表れでもあります。

　これを克服するためには、事実に基づいて評価すること、自信を持って評価に当たること、評価することの目的には部下の育成があるということを強く認識することなどが重要でしょう。

　また、より上位の者が評価者を評価する際、寛大化傾向を起こす評価者の評価能力を低く評価する仕組みをつくることもあります。

■ 中心化傾向への対策：評価基準を偶数に設定する

　５段階評価だと「３」に集中してしまうことが多く、無難な評価をしたいという評価者の傾向を表しています。また、絶対評価の場合、寛大化傾向も伴いやすいので、中心が５段階の「４」に集中することも多く見られます。

> Chapter2　評価の基本原則

　対応策としては、寛大化傾向で見た対応に加え、4段階など評価
基準自体を偶数に設定することも1つの方策として考えられます。

■ 対比誤差への対策：評価者が自分の性格をよく自覚する

　「対比誤差」とは、評価者が「自分」をモノサシにして被評価者
を「過大」若しくは「過小」に評価する傾向をいいます。

　評価者が几帳面であれば、大してルーズでない部下をルーズであ
ると見てしまったりすることです。

　克服するためには、評価者自身が自分の性格をよく自覚しておく
とともに、評価基準に基づいて客観的に評価することをよく理解し
ておくことが重要です。

STEP
1

基礎編

COLUMN

評価者が陥りやすい評価エラー

傾向	内　容	対　応　策
ハロー効果（イメージ効果）	・被評価者に対する全体的な印象から、あるいは何かーつの印象から個々の特性を同じように評価する傾向 例）明るく人付き合いが良いという印象のみで、評価項目のほとんどを高く評価してしまう。 ・彼・彼女は良い（悪い）と思うと、評価要素がすべて良く（悪く）見えてしまう傾向 例）「彼は優秀だ」というイメージにとらわれ、個々の評価項目に係る行動を吟味することなく、おしなべて高い評価をつけてしまう。	①個々の特性を区別して評価すること ②思いつきや感情によって評価することなく、被評価者の具体的な行動事実を取り上げること ③評価項目の内容に即した具体的事実により、評価をすること ④一つの事実は、一つの評価項目だけで評価し、他の評価項目で評価しないこと

15

寛大化傾向	・ややもすると甘い評価をしてしまう傾向 例）長く同じメンバーであったりすると人情から寛大になってしまう。	①部下に対して厳しく批判することをためらわないこと ②成績を見分けることについての自己の評価能力を身につけ、自信を持つこと ③「評語等の解説」に照らし、自身の評価目線が甘すぎないかを確認しつつ評価すること
厳格化傾向	・評価が一般に基準以上に辛くなる傾向	※寛大化傾向と表裏をなす
中心化傾向	・大部分について「普通」や「平均的」と評価し、優劣の差を付けることを避ける傾向	①良し悪しをしっかり判断できるように、十分に被評価者についての具体的事実を知ること ②その他「寛大化傾向」の①～③に準ずる
論理的錯誤	・評価する段階で自分の論理を持ち込み、関連がありそうな評価要素に同一あるいは類似した評価をしてしまう傾向 例）「積極性」と「粘り強さ」を同一視し、積極性の高い職員は「粘り強さ」も高い評価としてしまう。	①評価要素ごとに何を評価するのか、その区別をはっきりと認識して行うこと ②制度上の取決めを良く理解すること
対比誤差	・自分の能力を基準にして評価する傾向 ・自分の得意な分野は厳しく評価し、苦手な分野は甘く評価してしまう傾向	①被評価者に期待すべきところを十分に確認すること ②自己を基準におかず客観的事実に基づき評価すること
逆算化傾向	・処遇（全体評価）から逆算して評価をつくり上げる傾向	①被評価者の行動の評価に当たって、処遇は考慮しないこと ②具体的行動の分析を経て、評価を行うという手順をしっかり踏むこと

（出典）内閣人事局・人事院「人事評価ガイド《評価者・調整者の手続編》」

Chapter2 評価の基本原則

Q5 フィードバックの必要性

評価結果を被評価者にフィードバックする必要があるので
しょうか？

A 本人の気づきを促し能力開発を図るためには、被評価者へのフィードバックが不可欠です。フィードバックがなければ「本人の自学」を促すことはできません。
　ただし、開示の範囲については、それぞれの組織風土や、人事評価制度の成熟度などに合わせて、十分に吟味することが必要になってきます。

STEP
1

基礎編

解説

■ 評価結果を開示することが人材育成の大前提

　従来、この点については、消極的な意見が主流を占めていた時代がありました。昔の「勤務評定」においては、評価結果は隠されるのがむしろ一般的でした。「評価結果を開示すると評価が甘くなりやすい」などがその理由として挙げられます。

　しかし、「自学」（本人の自己学習、気づき）を促し、本人の能力開発を行い、そして組織力をアップするためには、評価結果の開示が必要です。また、評価結果を何らかの形で活用するのであれば、結果が非開示なままでは、本人の納得は得られません。評価結果の本人開示・フィードバックを通じて人材育成を図ることが、本来は

17

望ましいですし、今後はより一層求められてくるでしょう。

■ 開示範囲については個々に十分検討する

フィードバックは、単に評価結果自体を被評価者に開示するのみならず、自己申告や設定目標、評価内容に応じたきめ細かな面談を通じて、具体的な改善点を助言・指導しながら、被評価者のやる気・動機づけをさらに引き出すことがその大きな目的です。

ただ、評価基準の公表と違って、さまざまな考慮要素も必要でしょう。「開示により評価が甘くなるおそれ」「人間関係の対立」「モラール低下等をもたらす可能性」などが考えられます。

したがって、人事評価結果の開示範囲については、人材育成と職員の納得性の向上という趣旨、さらにはそれぞれの団体の組織風土をも踏まえた上で個々に十分検討していくことが望まれます。

そのため、職員に対して開示趣旨の徹底を図るとともに、開示方法については、面談等により本人の納得と理解を得ることが重要ということになります。今後はそのようなコミュニケーション能力を持っている管理職、フィードバッカーの育成が必要になってきます。

人事担当の職員からは、「評価結果を開示すると、今の管理職ではとてももたない...」という声がしばしば聞こえてきますが、そもそもそのような管理職は管理能力が欠如しているものと割り切って、ラインから外すべきともいえるでしょう。

これらの諸点も留意しつつ、基本的には透明性を高めるという方向が、今後の自治体人事評価のあり方となっていくでしょう。

18

Chapter2 評価の基本原則

■ 国家公務員の場合の開示ルール

国の場合、能力評価・業績評価のそれぞれの全体評語を含めて開示することが規定されています（個別評語や所見などについてどうするか、つまり開示の範囲については、各府省が定めることとされています。）。また、全体評語の開示を希望しない職員等には開示しないことができるが、全体評語が中位より下（「やや不十分」又は「不十分」）の者については、人材育成の観点から開示しなければならない、とされています（人事評価の基準、方法等に関する内閣官房令第4条第2項）。

「人事評価ガイド《評価者・調整者の手続編》」には、次のように書かれています。

> 　評価、調整、実施権者の確認が完了したら、評価者は、被評価者に対して、期末面談において、評価結果の開示や、評価結果を踏まえた指導・助言などのフィードバックを行います。充実したコミュニケーションを通じて、職員個々の自発的な能力開発を促すなど、人材育成の観点からきめ細かな指導・助言を行いましょう。

また、評価結果を踏まえた指導・助言については次のように書かれています。

> 　評価結果の根拠となる事実に基づく指導・助言を行います。能力評価の個別の評価項目や個別の目標ごとに個々にコメントするとともに、秀でている点（強み）や改善点（弱み）について必要な指導・助言を行うなど、可能な限りきめ細かなものとなるよう努めてください。
> 　特に、被評価者が管理・監督職員の場合には、評価者は、被評価者のマネジメント行動について、振り返りを支援し、必要な指導・助言を与えることにより、被評価者のマネジメント能力向上に努めましょう。

COLUMN

評価基準公表の重要性

　勤務評定の時代には、評価結果の開示以前の問題として、評価基準を職員に示していない自治体が多くありました。そうした自治体の職場では、しばしば「出世する人を観察して、その人を見習え」と言われたものです。たしかに、昇任発令を見て、誰が昇任したのかはわかります。しかし、その人がなぜ他の人よりも出世するのかがわからない場合もあります。

　どのような能力が優れているのか、部下に評判がよいからなのか、住民への応対が素晴らしいからなのか、特定の業務について一定の実績があったからなのか、それとも（あってはならないことですが）、市長の親戚だからなのか、有力な議員の押しがあったからなのか。いずれにせよ、評価基準が不透明なままでは、職員のモチベーションは上がりません。

　さらに、住民の信頼を高める観点からも、評価基準は公表されるべきでしょう。期待する人材像、人材育成基本方針等も含めた人事行政の取組を、住民に積極的に公表・発信することが、自治体の人事行政に対する住民の信頼を高めることにもつながると考えられます。

　こうした点を考慮して、人事評価制度を全面的に見直し、評価基準を公表する自治体が急増してきています。これが正しい姿だと思います。

Chapter 3 評価要素の組み合わせ方

Chapter **3**

評価要素の組み合わせ方

Q6 人事評価の要素

人事評価では、職員のどのような側面を見て評価すればよいのでしょうか？

STEP
1

基礎編

A 職員の能力を評価するのか、仕事の業績を評価するのか、さまざまな見解のあり得るところです。潜在的に高い能力を持っていてもそれを使わなければ、組織のパフォーマンスにつながらないので、能力を評価するといっても、それが行動に表れたものを評価するのが一般的です。

また、最終的な業績の評価をも組み合わせて評価を実施するのが現在の一般的な傾向です。

解説

■ 「能力」の種類

業務遂行プロセスと評価要素の関係は図表3のように整理できます。

知識やスキルなどの「能力」を持った個人が、それを発揮して「仕事」に取り組み、「業績」を上げるという業務遂行プロセスに鑑みたとき、それらが主要な評価要素になってきます。

21

図表3 業務遂行プロセスと評価要素及び評価制度

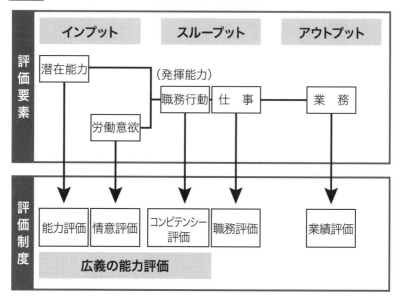

（出典）今野浩一郎他『人事管理入門』（日本経済新聞社）に一部筆者加筆。

　まず、個人が保有する能力は、「潜在能力」と「発揮能力」に分かれます。次に、潜在能力を仕事の場で活用させる意欲が「モチベーション」（労働意欲）であり、潜在能力とモチベーションを基盤にして発揮能力が形成されるという関係にあります。

　この「発揮能力」には、次の2通りの考え方があります。

> ①　当該業務を遂行するに当たり直接必要とされる知識やスキルを明らかにして、それを保有しているかどうかで発揮能力をとらえようとする方法
> ②　発揮能力が業務遂行の場で行動（職務行動）として表れることに注目する方法

　公務部門に照らして考えれば、①は公務員制度改革の議論の中で能力等級制度と呼ばれていたものに近い考え方であり、②はいくつ

かの先進自治体で導入されているコンピテンシーに近い考え方です。

■ インプット重視かアウトプット重視か

　さて、人事評価制度の仕組みを設計するに当たっては、図表3で見た場合の、業務遂行に投入されるインプットにかかわる「人的要素」（潜在能力と労働意欲）、業務遂行プロセスにかかわる「スループット［プロセス要素］」（職務行動と仕事）、さらには、仕事を通してあらわれる「アウトプット要素」（労働の結果）の、どの要素を重視した評価制度とするのかについての決定が必要となります。

　仕事の結果、業績を重視するのであればアウトプットを評価要素の主軸に据えた評価制度になるでしょうし、能力やモチベーションを高めて長期的な視野に立った組織戦略を立てるのであれば、インプット要素やスループット要素を重視した評価制度になってくるでしょう。

　すでにQ2（6頁）などでも触れたように、日本の公的部門の人事評価においては、職務行動に表れた発揮能力の評価と、業績の評価との2本立てで評価制度が組み立てられるのが標準となりつつあります。

　評価の際には、被評価者が職務行動を通じて発揮した能力を評価するとともに、目標管理制度などを通じた業績評価を行うことになります。これにより、外的要因によってたまたま業績が低くても、能力評価の方で被評価者の正当な評価がなされますし、逆に、能力が少し他よりも劣っていても一生懸命頑張って結果を出せば、高く評価されることにもつながります。

Q7 絶対評価と相対評価

公務部門における人事評価は、「絶対評価」がよいのでしょうか、「相対評価」がよいのでしょうか?

A 評価に際しては、絶対評価が基本です。人事評価には、組織のパフォーマンス（成果・業績）を向上させること、そのプロセスにおいて個人としてのモチベーション（動機づけ）を高めることという目的があります。モチベーションの高まりが、優秀な人材の育成につながり、組織のパフォーマンスを向上させることになります。

　ただ、給与や任用といった一定の枠のある資源を配分する際には、絶対評価を行った後に、何らかの相対処理をすることになります。

解説

■ 絶対評価と相対評価

　人事評価を行うに際して、絶対評価か相対評価かということが常に議論となります。

　絶対評価とは、評価する基準（モノサシ）が決まっていて、この評価基準に照らし合わせてどの段階（何点）かについて評価を決定することをいいます。

　これに対して、相対評価とは、ある集団に属する複数の被評価者

Chapter 3 評価要素の組み合わせ方

を並べて、能力、業績等を相互に比較し、各々の優劣を付け、優れ
ている順に序列化する評価方法です。

　後者は、外資系の金融機関やコンサルティングファームで使われ
ることが多く、同一職位の下位10％の職員に辞職を迫るツールとし
て使われることもあります。公務部門においては、どちらの方式を
採用するべきなのでしょうか。

STEP
1

基
礎
編

■ 求められる職員像の実現が評価の目的

　そもそも、人事評価は、組織のパフォーマンス（成果・業績）を
向上させるとともに、そのプロセスにおいて個人としてのモチベー
ション（動機づけ）を高めるという目的があります。このモチベー
ションの高まりが、意欲のある優秀な人材の育成につながり、育っ
てきた優秀な人材が組織のパフォーマンスをさらに向上させ、住民
サービスの向上への原動力になると考えられます。「求められる職
員像」という評価基準を設定し、その方向に職員の行動を変えると
いう点が重要なポイントです。

　このように考えていくと、能力評価、業績評価とも絶対評価を基
本として行うことが適切であると考えられますし、多くの自治体で
も絶対評価を基本としています。また、国家公務員の人事評価も、
絶対評価で行われています（人事評価政令第4条）。

　ただ、他方で、給与や任用には一定の昇給枠やポスト枠があり、
これらの枠と評価結果の分布が当然に合致するものではありませ
ん。評価結果を確実に活用していく観点からは、絶対評価を基本と
しつつ、現実的な対応として何らかの相対化は欠かせません（Q14
（51頁）参照）。

25

図表4 絶対評価・相対評価の長所・短所

	相対評価	絶対評価
長所	・職員間の優劣がはっきりする。 ・あらかじめ設定された分布基準や定員枠に沿って評価するので、最終段階の評価調整は容易。 ・評価項目の具体性は必ずしも要求されない（設計が容易）。 ・評価項目、要素ごとのウエイトづけは必ずしも必要ではない（運用が容易）。 ・同一職務を担当している被評価者同士での評価づけをしやすい。	・評価基準が明確である（被評価者が少数でも評価可能）。 ・評価基準が明確で、被評価者の長所・短所がはっきりし、各人の人材育成計画を立てやすい。 ・正規分布や定員枠を考える必要はない（ただし、寛大化傾向や中心化傾向を避けるように留意する必要はある）。 ・評価基準としての「求められる職員像」が明らかなので、職員のやる気を引き出し、業績向上に役立つ。
短所	・人事評価の恒常性や客観性が保てない（違うグループに異動すると異なる評価となってしまう）。 ・着眼点はあるものの、人の間の相互比較なので、基準は一定しない。 ・被評価者が少数の場合は分布がうまくいかない。 ・毎年必ず下位区分に評価される者が出る（無限競争）。足の引っ張り合いなどが表面化することがある。 ・自治体の職員に求められる能力の保有状況が正確に把握できない。	・職位ごとに求められる能力を作成するなど評価基準の作成コストがかかる。また、毎期の目標設定の際の時間と手間のコストもかかる。 ・項目別、要素別に重要度に応じてウエイトづけすることも必要であり、作成が手間。 ・分布基準がないため、評価結果において寛大化傾向、中心化傾向が発生する可能性がある。 ・計画的な評価者訓練を実施し、評価者の評価能力、技術を磨く必要があり、そのための長期的な研修計画を立て、それなりの費用が必要となってくる。

Chapter 3 評価要素の組み合わせ方

COLUMN

育成の論理と選抜の論理

　人事評価には、「育成の論理」と「選抜の論理」の２つの側面がある
といわれています。

> ◇**育成の論理**：能力や仕事ぶりを評価して、それを被評価者に
> 　　　　　　　フィードバックすることによって職員の能力開発を
> 　　　　　　　促すこと。
> ◇**選抜の論理**：昇給・昇格や勤勉手当に差をつけて職員にインセン
> 　　　　　　　ティブ（動機づけ）を与え、人件費を効率的に配分
> 　　　　　　　すること。

STEP

1

基礎編

　「選抜の論理」も結局は、職員にインセンティブを与えることが組織
効率を上げることにつながる、ということが根拠となっています。た
だ、この部分だけが注目されると、「人事評価＝差をつけること」とい
う誤解につながってしまいます。「公務員はぬるま湯につかっているか
ら人事評価をして処遇に差をつける必要がある」と叫ぶ姿が繰り返し見
られますが、こうした短絡的な発想は人事評価の本質を理解していませ
ん。
　そもそも、組織にとって、「職員の間に差をつけるため」だけの評価
には何の意味もないはずです。なぜなら、人事評価は、組織業績、組織
パフォーマンスを上げるための１つの手段にすぎないからです。
　組織業績は、職員がどれだけ能力を向上させ、それを発揮してくれる
かにかかっています。そのことによって、限られたマンパワーの中で住
民サービスの向上がどれだけもたらされるかが変わってきます。そのた
めの種々のツールの１つが人事評価であるにすぎないともいえるでしょ
う。
　もちろん、人事評価結果を昇格や昇給、勤勉手当へ適切に反映させる
ことが、制度設計・運用に緊張感をもたらし、職員のインセンティブに
寄与し、結果として自学の促進につながる可能性も高いと考えられま
す。処遇への反映が組織パフォーマンスを上げるなら、それもまた正当
化されます。住民サービスの向上につながるからです。ただ、ここでも
留意する必要があるのは、差をつけることそれ自体が目的ではない、と
いうことです。

27

Q8 能力評価の方法

能力評価はどのように進めればよいでしょうか？

A 個々人の潜在能力をはかることは困難を極めます。人事評価の能力評価においても、潜在能力を見るのではなく、能力が実際の行動などに表れた顕在能力を評価することになります。

方法としては、大きく分けて、「能力と意欲の両面で評価する方法」と、発揮能力と行動の面を評価する「コンピテンシー評価で行う方法」とがあります。

解説

■ 能力評価では能力・労働意欲・職務行動を評価

能力評価は、図表3（22頁）の評価要素でいうと、インプットとスループットの一部に当たるもので、個人が保有する「能力」「労働意欲」「職務行動」について評価するものです（広義の能力評価）。

能力：仕事を進めていく上で必要な知識や技術などの職務遂行能力について評価します。

意欲：担当業務を責任感を持ってやり遂げたか、積極的に業務に取り組んだかなど、仕事への取組姿勢を評価します（情意評価）。

行動：成果を上げるために能力を有効に発揮しながら、どのように行動したかを評価します（コンピテンシー評価）。

Chapter 3　評価要素の組み合わせ方

　能力評価の方法は自治体ごとに多様ですが、一般的な方法として次の2つがあります。

■ 能力と意欲の両面を評価する方法：「能力」×「意欲」

　能力が高くても意欲がなければ能力が発揮されない、逆に意欲があっても能力がなければ成果が上がらないことから、「能力」と「意欲」の両面で評価を行う方法です。

　評価項目には、各自治体が職員に期待する「能力」「意欲」の具体的な内容が設定されます。

○評価項目の例

	評価項目
能力	企画力
	調整力
	判断力
	…
	…

	評価項目
意欲	責任感
	積極性
	規律性
	…
	…

　評価の仕方は自治体により異なりますが、具体的な評価方法の事例として、ここでは2つ紹介します。

○能力評価の具体例1

　評価の着眼点に対し、「5：優れている」「4：やや優れている」「3：普通」「2：やや劣る」「1：劣る」の5段階で評価します。

評価項目	評価の着眼点	
積極性	担当業務や業務改善、改善などに積極的に取り組む姿勢	評価点
	担当業務に必要な知識・能力を修得していたか	5
	業務改善や改革に取り組んでいたか	3
	困難な仕事にチャレンジしていたか	4

STEP
1

基礎編

29

○能力評価の具体例２

評価項目ごとに望ましいレベル、標準レベル、望ましくないレベルを定義し、普段の仕事の取組状況に応じて評価します。

評価項目	取組レベル	
積極性	5	常に熱意をもって努力し率先して困難な業務改善、改革に取り組んでいる
	4	仕事に対する熱意が強く、業務の改善、改革に取り組んでいる
	3	与えられた仕事はほぼ積極的に遂行しており、業務の改善や改革に取り組んでいる
	2	与えられた仕事はするが、それ以上のことを行う意欲はあまり見られない
	1	与えられた仕事はするが、それ以上のことを行う意欲は見られない

■ コンピテンシー評価：「発揮能力」×「行動」

能力評価方法の２つ目は、発揮能力と行動の面を評価するものです。この評価は、一般的に「コンピテンシー評価」と呼ばれています。コンピテンシーとは、「特定の職務において継続的に高い成果を上げている人材（ハイパフォーマーと呼ばれます。）が発揮した能力や行動の特性」という意味で、これをモデル化して、評価基準として、この基準に合致するような行動の頻度により評価を行うものです。

なお、評価対象となるコンピテンシーは、各自治体が求める「職員像」によって設定されます。

この評価方法は、次のようなメリットを有していると考えられています。

> ① 評定要素が具体的な行動で示されるため、評定要素の趣旨、内容について疑義が生じにくく、評価の客観性が確保される。
> ② どのような行動が評価されるのかを明示的に伝えることとなるので、評価に対する納得性が高まる。
> ③ 組織が求める望ましい職員像が具体的に見えることから人材育成にもつながる。

　具体的な行動例の記述に当たっては、組織の究極の目標、自治体の場合には、いかに住民サービスを向上させるのかという観点から評価項目を決めていく必要があります。

COLUMN

性格評価の排除

　人事評価においては、客観性、公平性が不可欠です。最終的には被評価者の納得性を得て、本人の自学に働きかけ、組織業績の向上につなげていく必要があります。したがって、主観的な評定を下しやすい「性格」などの項目や、抽象的な要素は、能力評価の評価項目から排除していく必要があります。

　1950年代の人事院方式の勤務評定は、「性格」を評価要素に加えていました。それを「見本」として勤務評定を導入した自治体の中には、今でもまだ「性格」項目が残存するところもあります。しかし、このような「性格」を評価要素から排除する動きは、民間でも公務部門でも一般的ですし、国家公務員の新人事評価制度においても、「性格」項目は入っていません。「性格」は、評価シートから排除すべきでしょう。

Q9 簡易コンピテンシー

「簡易コンピテンシーによる人事評価制度」というものが
多くの自治体で取り入れられていると聞きますが、具体的
にはどのような評価制度なのでしょうか？

A コンピテンシーとは、「ハイパフォーマー（特定の
職務において継続的に高い成果を上げている人材）が発
揮した能力や行動の特性」を指します。しかし、コン
ピテンシーを使った評価制度は複雑すぎで実用に耐えないことか
ら、簡単に誰でも評価シートに記入することのできる簡易コンピ
テンシーが紹介され、この方式を取り入れている自治体も多くあ
ります。

解説

■ 定量評価なので簡易かつ納得性が高い

いくつかの先行自治体で行われているコンピテンシー評価では、
コンピテンシー辞書（35頁コラム参照）が極めて詳細かつ複雑で、
評価者にとっては、加重な負担となってしまっています。辞書の作
成と評価者訓練には大きな労力が必要となってきますし、事後のメ
ンテナンスも大変です。

これに対して、簡易コンピテンシー評価は、「職員にわかりやす
く受け入れられる制度とするため、なるべくシンプルな制度設計と

32

する」という開発コンセプトに基づいて設計されています。できるだけシンプルに（しかし、きちんと）職員の能力を評価するためのシステムをつくることが、1番のポイントです。

「企画力」「判断力」などを評価項目とした従来の能力評価や、「協調性」「積極性」を見る情意評価が定性的（質的）な評価であるのに対して、簡易コンピテンシーによる評価は「指標となる具体的な行動」がどの程度の頻度で観察されたかを測る定量的（量的）な評価であり、客観性と職員の納得性を高めることが期待できます。

具体的な評価方法としては、コンピテンシー辞書を使わず、評価項目のそれぞれに「着眼点」という形で「具体的な行動特性」を示し、定量的に行います。評価の各項目は、非常にシンプルにできています。

■ 簡易コンピテンシー評価の具体例

ここでは、先進自治体の簡易コンピテンシー評価の例を紹介します。

「よい仕事をするために必要な能力・行動」を着眼点として具体的に示し、それぞれの着眼点に該当する行動がどの程度あったかという頻度で評価します。着眼点ごとにaからc（このような行動がよく見られる/たまに見られる/ほとんど見られない）で記入した後、各評価項目の評価を5〜1で記入します。これを全評価項目について行って、合計得点を導くというやり方です。

図表5 簡易コンピテンシー評価の例

評価項目	評価項目の内容と着眼点	評価
変革力	現状に満足せず、業務の改善・改革や創造を行い、新たな課題や困難な課題に挑戦している。	5 ④ 3 2 1
	【着眼点】 1. 現状に満足せず積極的に改善・改革方針を打ち出し、メンバーや関係者から賛同を得ている。	ⓐ b c
	2. 前例や慣習にとらわれず、新しい考え方で担当業務を改善・改革している。	a ⓑ c
	3. 困難な仕事に挑戦している。(抵抗勢力や各方面からの圧力に対して勇敢に立ち向かっている)	a ⓑ c
市民満足志向	…	…
コミュニケーション	…	…
リーダーシップ	…	…
…	…	…
…	…	…

着眼点の評価基準	
a	このような行動が、よく見られる (傾向が強い、他の職員の規範となる)
b	このような行動が、たまに見られる (やや傾向がある・普通・わからない)
c	このような行動は、ほとんど見られない (全く傾向がない・反対の傾向)

項目の評価値の目安	
5	オールa
4	aとb
3	オールb
2	bとc
1	オールc

Chapter 3 評価要素の組み合わせ方

STEP
1

基礎編

COLUMN

コンピテンシー辞書

　コンピテンシーは、ハーバード大学の行動心理学者デビッド・マクレランドが提唱した概念です。コンピテンシーによる評価は、ハイパフォーマー（高業績者）の行動観察から成果に結びつく具体的な行動を抽出します。客観的に観察される具体的な行動を基準として、職務上発揮された能力を評価するものです。

　日本では、民間企業で1990年代の後半から導入され始めました。武田薬品、富士ゼロックスなどの例が有名です。2000年代に入り、自治体でもコンピテンシーの導入が始まりました。コンピテンシーを使った能力評価では、「コンピテンシー辞書」と呼ばれる評価基準書が作成され、その基準に基づいて行動がどのレベルにあるか判定するのが一般的です。しかし、詳細なコンピテンシー辞書を作成したために管理・監督職員にそれが浸透せず、撤退した自治体もありました。

　そこで、最近では、より簡易に評価が可能な、簡易コンピテンシーが用いられることが多くなっています。

35

Chapter **4**

目 標 管 理 の 手 法

Q10 　目標管理制度の導入理由

業績評価として、目標管理制度がとられることが多いのは
なぜですか？

A 　従来の勤務評定においては、能力評価の項目と並べて、「仕事の成果」という項目を立て、それが、「5」か「4」かという評点をつけるのが一般的でした。

しかし、評定者の主観を排除することが難しく、種々のエラーが起こることもありました。

そこで、現在では、「目標管理制度による業績評価」が一般的になりつつあります。組織目標と個人目標を統合することにより、組織全体として同じ方向へ向かって仕事をすることから、組織のパフォーマンスを上げることにもつながるとされています。

解説

■ 主観性を排除するため目標管理手法を導入

業績評価に関して従来多くあったのは、勤務評定シートの中に「仕事の成果」という項目を立て、「遂行した仕事は常に正確であり、内容的に優れているか」などという着眼点に基づいて、上司が

５段階評定をつけるというものでした。

　しかし、これでは、評価者の主観に左右される度合いが大きいですし、評価結果を開示した場合に、部下としては納得できない場合も多く出てくることが予想されました。

　民間企業においては、以前から目標管理の手法を用いた業績評価が広く行われています。1990年代以降、日本企業の賃金制度が急速に成果主義化するに従い、人事考課制度も変化してきましたが、成績あるいは業績評価へのシフトが顕著であり、その具体的な方法の代表例として「目標管理手法」を用いた評価方法が挙げられます。

■ 組織統合や部下の自主性にも貢献

　公的部門においても、業績評価のための最も重要な仕組みは、「目標管理による評価」です。

　目標管理の基本的考え方は、「組織目標」と「個人目標」を統合して目標を設定し、個人はそれに向かって自律的に仕事を進める点にあります。これにより、「目標の連鎖による組織統合」を図ることができるとともに、部下の「自主性」を引き出すことによって、効率的な組織が形成されることが期待されています。

　この目標管理の仕組みは、公的部門においても導入可能なものと認識されており、国家公務員の人事評価制度でも、目標管理による業績評価が導入されています。地方公務員についても、「公務能率の向上や評価結果の客観性、納得性を確保するとともに、評価結果を人材育成に活用する観点から、評価者と被評価者とであらかじめ目標を設定した上でその達成度を評価する目標管理に基づくことが適当であること。」とされているところです（平成26年８月15日付総務省自治行政局長通知［総行公67号］）。

COLUMN

目標による管理

「目標による管理」は、成果主義の代表的な評価方法とされ、成果主義に反対する人の中には、「目標による管理」の手法を否定する人もいますが、実際にはどうなのでしょうか。

「目標による管理」のメリットは、前述のとおりですが、導入や運用方法を間違えると、次のような問題が生じる可能性があります。

> ①　所属長とメンバーとのコミュニケーションが不足していると、組織目標が周知されない。
> ②　目標の達成状況は、本人の努力ではなく、外部要因に左右されることがある。
> ③　目標が達成できないと評価が低くなるため、容易に達成できる目標を設定する傾向が強くなる。
> ④　長期的な取組は、単年度での評価が難しいため、短期的な取組が重要視され、長期的な取組が軽視される。
> ⑤　個人業績が重要視されるため、情報の共有や部下指導が軽視されるなど自己中心的な行動が増える。

しかし、こうした問題点は、1990年代からすでに指摘されており、最近では、こうした問題点を改善し、「目標による管理」の本来の特徴を活かすために、次のような改善策を取り入れる自治体が増えています。

> ①　所属長は、上位部門の目標を意識するとともに、自組織内で改善すべき事項や取り組むべき課題を認識し、組織目標を設定する。そして、ミーティングや個人面談等を通じて、組織目標をメンバーに周知する。なお、改善すべき事項や取り組むべき課題及び組織目標はメンバーの意見を聞きながら設定する。
> ②　目標の達成状況だけではなく、目標達成に向けたプロセスについても評価を行う。
> ③　高い目標へのチャレンジを促すため、難易度の高い目標がより評価される仕組みやチャレンジに対して加点する仕組み等を構築する。
> ④　長期目標に対しては、最終目標ではなく、その年度でどこまで行うのかという中間目標を設定し、進捗状況で評価を行う。
> ⑤　部下（後輩）育成、情報共有など組織全体の向上に向けた行動を評価する仕組みを取り入れる（目標管理、プロセス評価いずれも可）。

このように、問題があれば修正を加え、「目標による管理」のメリットを引き出しながら、実態に応じた制度設計、運用を行うことが重要です。

Chapter 4 目標管理の手法

> **Q11** 目標管理の２つの側面
>
> 目標管理には２つの側面があると聞きましたが、どういうことでしょうか？

STEP
1

基礎編

> **A** 　目標管理には、「機能的側面」と「参加的側面」の２つの側面があります。機能的側面とは、組織内の職員の貢献を共通の方向に向ける役割を果たす側面であり、参加的側面とは、目標設定に個々の職員が参画することによって、職員の自己統制を可能にする側面です。
>
> 　この２つの側面は、組織の視点と個人の視点のどちらを重視するかということにも関係します。重点の置き方によっては、目標設定の方法にも違いが出てきますが、できるだけ両者を統合できるようにすることが必要です。

解説

■ 目標を立てることの意義

　一般に，目標管理は，ドラッカーが1954年に「目標と自己統制による管理」を提示したことに始まります。ドラッカーは、２つの側面から目標の意義を説いています。

　まず、①目標が組織内の従業員の貢献を共通の方向に向ける役割を果たすことが挙げられます。組織成員は各々異なった各自の仕事の責任を果たしますが、彼らの貢献は基本的に共通の方向に向けら

39

れていなければなりません。各人が取り組む目標が、全社目標や部門目標をブレイクダウンしたものになっていれば、目標が全社の活動を統制する手段となり得るからです。逆に、共通の方向に向けられていなければ、組織としての一体性はありません。

次に、②目標の設定に個々の従業員が参加することによって、従業員の自己統制が可能となることが挙げられます。目標を自己設定することによって、本人はその達成責任を積極的に受け入れるようになります。また、目標を明示化することによって、それに向けての自己統制が可能となり、高い動機づけを生むことにもつながります。さらに、その効果は、自己評価をすることによって強化される、とドラッカーはいいます。

■ トップダウン型かボトムアップ型か

要約すると、①組織内の職員の貢献を共通の方向に向ける役割を果たす側面（機能的側面）と、②目標設定に個々の職員が参画することによって、職員の自己統制を可能にする側面（参加的側面）があるということです。

そして、この①、②の側面は、目標管理の論者によって、力点の置き方が異なっています。①を強調すると、目標管理は全体目標が前面に強く置かれたトップダウンの統制になりやすく、成員個人の自己統制が困難になります。逆に②が強調されると、成員個人の意見や活動を重視したボトムアップの管理になりますが、全体目標に向けての結集力は弱くなります。これらは、組織の視点と個人の視点を表すトレードオフの関係にあるといえるでしょう。

■ 目標管理ではコミュニケーションも重要

　自治体で導入されている目標管理の中には、②の側面ばかりを重視して、各人に「自由な目標」を設定させ、その達成度を測るというやり方を行っているものが多く見受けられます。もちろん、人事評価結果の活用として人材育成のみを掲げる場合であればそれでよいかもしれません。しかしながら、処遇への反映などをも考えるなら、この方式では問題が大きいでしょう。達成度が高ければ処遇がよくなるというのであれば、各人は達成しやすい目標ばかりを掲げるインセンティブが与えられるからです。

　処遇への反映を考えるのであれば、「目標全体を統合するプロセス」「目標ごとの難易度設定などの重みづけをするプロセス」が極めて重要だと考えられます。また、組織の一体性の観点からも、①の側面の重視は避けられません。

　先ほどのトレードオフを克服するためには、目標管理におけるコミュニケーションの役割が重要です。目標設定の場、中間面談、期末面談の場面で、上司と部下が話し合いを通して、また上司の支持的・支援的態度によって、上のトレードオフを克服することになります。

図表6 目標管理の２側面

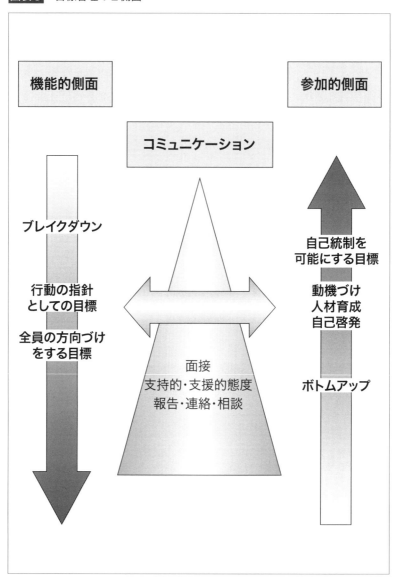

Chapter 5 人事評価結果の活用

Chapter 5
人 事 評 価 結 果 の 活 用

Q12 評価結果の活用

人事評価の結果はどのように活用すべきなのでしょうか？

STEP
1

基礎編

A 人事評価の目的の重要な部分は、能力・実績を正確に把握し人事管理の基礎とするという点と、人材育成やパフォーマンス向上につなげるという点です。

解説

■ 人事評価の目的は組織力のアップ

人事評価の目的の重要な部分は、能力や仕事ぶりを評価して本人にフィードバックすることによって職員の能力開発、人材育成、組織の活性化に役立てるという点です。人材育成やパフォーマンス向上につなげて、「組織力をアップすること」、そしてそのことにより、「住民サービスの向上」につなげることが主たる目的です。

同時に、人事部門へ情報を集積してそれを異動や任用の判断材料としたり、給与などへ反映したりすることも考えられます。能力・業績を正確に把握して、人事管理の基礎とするという点です。いずれも、その反映によって、「組織力をアップすること」を最終的には目指しています。

43

自治体は、「住民福祉の増進」（地方自治法第1条の2）に努めるとともに「最少の経費で最大の効果を挙げるようにしなければならない」（同法第2条第14項）とされており、その方向に向けた努力が自治体の目指すべきところのはずです。能力実績主義の徹底を通じてより高い能力を持つ公務員を生み育てていくとともに、住民から一層信頼される人事行政システムを創っていくことが求められています。

■ 人材育成目的だけでは評価制度の形骸化も

　ただ、人材育成だけへの反映を試行的にずっと続けることは、評価のマンネリ化を招き、住民サービスの向上すら疎かになってしまう可能性があります。職員の間に緊張感をもたらし、インセンティブを与えるために、人材育成以外の分野への反映も必要になってきます。

　国家公務員法においても「任用、給与その他の人事管理は……人事評価に基づいて適切に行わなければならない」（第27条の2）と規定されており、また、給与への反映の1つである「昇格」については、直近2年間の人事評価の結果を中心に勤務成績に従って決定されます（人事院規則9-8第20条第2項）。「昇給」への反映（人事院規則9-8第37条）、勤勉手当（給与法第19条の7）ともに「直近の人事評価の結果」等が反映されることになっています。

　本人の意に反する降任及び免職、つまり分限処分については、「人事評価又は勤務の状況を示す事実に照らして、勤務実績がよくない場合」に、職員の「意に反して、これを降任し、又は免職することができる」と定めています。

　地方公務員法では、まず人事評価の定義として、「**任用、給与、**

分限その他の人事管理の基礎とするために、職員がその職務を遂行するに当たり**発揮した能力及び挙げた業績**を把握した上で行われる勤務成績の評価をいう」（第6条第1項）（太字筆者）としていますし、人事評価の根本基準として、「職員の人事評価は、公正に行われなければならない。」（第23条第1項）、「任命権者は、人事評価を**任用、給与、分限その他の人事管理の基礎**として活用するものとする。」（同条第2項）（太字筆者）としています。この規定が地方公務員全体に適用されます。

■ 評価結果の活用が住民サービス向上につながる

　任用、人材育成の各分野にしっかり活用することを通じて、さらに（人事評価の成熟度が増した組織においては）給与への活用をも通じて、組織全体の士気高揚を促すとともに、個々の職員のやる気・動機づけの増進、分権時代を担う自治体職員の広義の人材育成や公務能率の向上につなげること、すなわち**「住民サービス向上」の土台をつくること**が人事評価の基本的な視点だと考えられます。

図表7　人事評価制度の構築

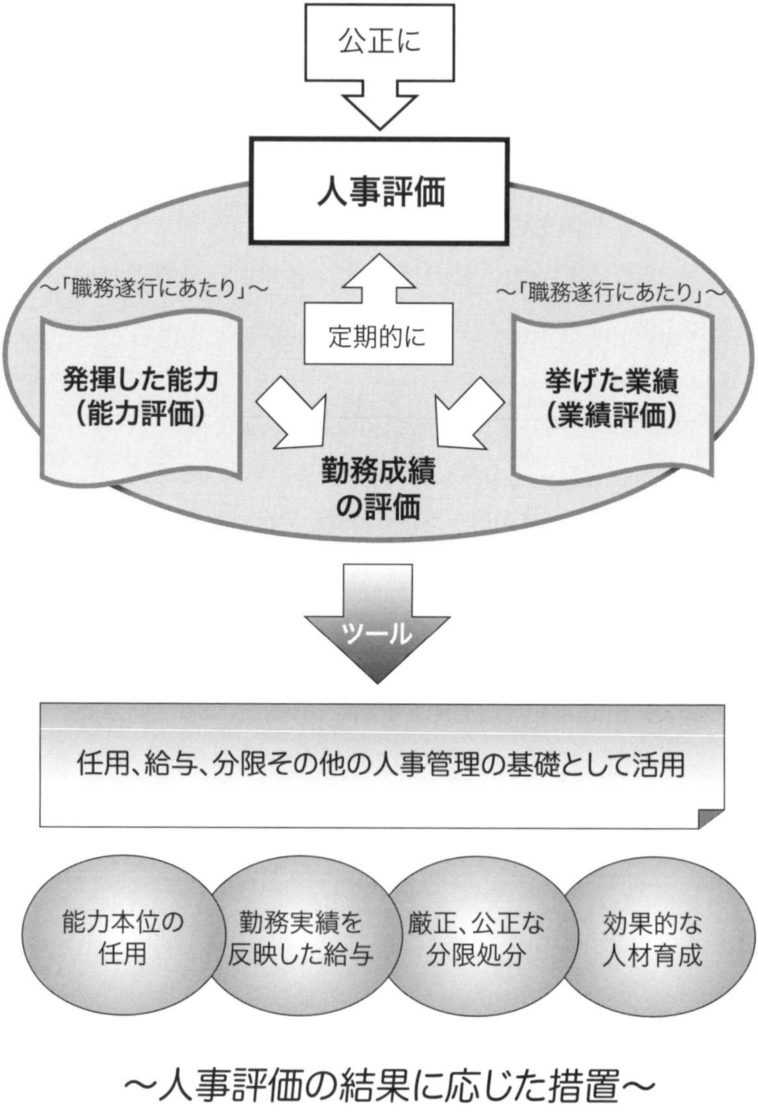

公正に

人事評価

定期的に

～「職務遂行にあたり」～
発揮した能力
（能力評価）

～「職務遂行にあたり」～
挙げた業績
（業績評価）

勤務成績
の評価

ツール

任用、給与、分限その他の人事管理の基礎として活用

能力本位の
任用

勤務実績を
反映した給与

厳正、公正な
分限処分

効果的な
人材育成

～人事評価の結果に応じた措置～

（出典）運用研報告書

Chapter 5　人事評価結果の活用

図表8　国家公務員人事評価における評価結果の活用の仕組み

評価結果の活用の基本的枠組み

昇　　　任	昇任日以前2年（本省課長級以上ポストへの昇任の場合は前3年）の能力評価及び直近（本省部長級以上ポストへの昇任の場合については、施行3年後からは前3年）の業績評価を活用
昇　　　格 （昇任を伴わない場合）	昇格日以前2年の能力評価及び業績評価を活用
昇　　　給	昇給日（1月1日）以前における直近の能力評価及び直近の連続する2回の業績評価を活用
免職・降任・ 降格・降号	能力評価又は業績評価の全体評語が最下位となった場合を処分の契機として活用
勤　勉　手　当	基準日（6月1日・12月1日）以前における直近の業績評価を活用
人　材　育　成	能力評価の項目、評価結果を研修の開発・実施、職員の自発的能力開発に活用

上記に基づく活用の開始時期

本府省の職員は人事評価の実施に合わせて、本府省以外の職員は原則として本府省の職員の1年後から評価結果を活用
なお、評価結果の活用を円滑に行うことが可能である場合には、本府省以外の職員についても人事評価の実施に合わせて評価結果を活用可能

（出典）運用研報告書

STEP
1

基礎編

47

COLUMN

職位や活用分野に応じたウエイト配分

能力評価や業績評価をどのように反映させるべきかは、どのような職位か、何に反映させるかによって異なります。下記はそのイメージです。

図表9 職位や活用分野に応じたウエイト配分の検討イメージ

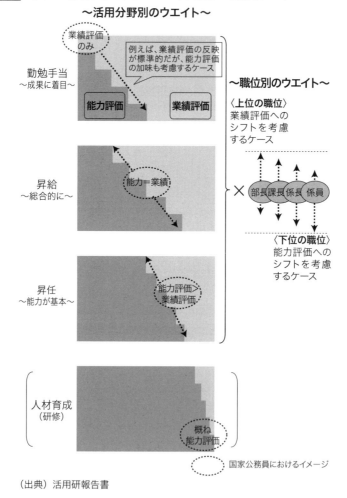

(出典) 活用研報告書

Chapter5　人事評価結果の活用

Q13　評価結果の反映期間

人事評価結果は、短期的に反映されるべきものと長期的に
反映されるべきものがあると思うのですがどうですか？

STEP
1

基
礎
編

解説

■ 評価期間をどう考えるか

　自治体の人事担当者は、「本市の人事評価制度は処遇へ反映して
おり」とか、「処遇へは反映しないで能力開発目的で」など、しば
しば「処遇」という語を用います。しかし、その意味するところは
一様ではなく、議論がかみ合っていない場合も多く見られるところ
です。上述したように、職員のインセンティブを刺激しそれが組織
効率を上げることにつながるということであれば、さまざまな「処
遇への反映」も正統化されます。

　この場合、評価期間をどの程度とるのかということと、その評価
結果の反映が短期（1回）で終わるのか、将来的にも継続するもの
かによって、表のようないくつかのパターンに分けられます。

■ 半年・1年評価を給与へ反映

　まず、評価期間を1年や半年に限定しつつ、それを「給与」に反
映するパターンがあります（B）。しばしば「処遇に反映して給与
に差をつけるべき」と政治家がアピールするものがこれに分類され
るでしょう。

　ただし、この場合にも、反映結果が1回限りのものか（B）（ロ）

49

（勤勉手当など）、翌年度以降も継続するものか（B）（イ）（査定昇給の結果は、翌年度の給与のベースになるため、効果が永続することになる）という大きな区別があります。

　一概に「給与へ反映」という用語を使う場合にも、この違いがあることをしっかりと認識しておく必要があるでしょう。

		評価期間	
		中期（A）	短期（B）
効果継続	長（イ）	昇任昇格	査定昇給
	短（ロ）		勤勉手当

■ 中期評価を昇格・昇任へ反映

　また、**「昇格」への反映**ということも考えられます。これは、「給料表上の上位の級へ格付けが上がること」を意味します。通例、そのためには、下位の級において、一定年数在職するとともに、一定の成績を修めている必要があります。

　その意味では、昇格を考慮するに際しての**評価期間は２年から３年の中期**になります（A）（イ）。一定年数の評価を積み重ねて、昇格適任者を選別することになるのです。国家公務員の場合は、直近２年分の評価の積み重ねで昇格に反映しています。

　さらに、上位の役職への「昇任」の判断があります。これは、昇格と同じく一定期間の評価の積み重ねに基づいて行われることになります。

　2000年代以降、給与カーブのフラット化が進められてきていますので、昇任・昇格の有無によって給与カーブにも差がついていきます。その意味では、**昇任や昇格も、結局、間接的に給与に反映しているといえます。**

Chapter 5　人事評価結果の活用

Q14　絶対評価の相対化

うちでは絶対評価で評価をつけることになっていますが、
勤勉手当の原資は足りるのでしょうか？

STEP
1

基礎編

解説

■ 評価結果の相対化は避けられない

　人事評価等を実施している多くの自治体では、「絶対評価」を基本としています。評価結果の開示を受ける各被評価者のやる気・動機づけの観点から、他者との比較よりも評価基準に照らした達成度合いを測る絶対評価が適切とされています（Q7（24頁））。一方、給与や任用には、一定の昇給枠やポスト枠といった資源制約があります。評価結果を確実に活用していく観点からは、**絶対評価を基本としつつも、現実的な対応として何らかの「相対化」が欠かせません。**

■ 相対処理のいろいろなパターン

　「絶対評価」を行った上で、給与等への活用時に、評価結果の順位づけ等を整理し、これをもとに改めて活用枠に当てはめる**「相対処理」を行うことが基本**です（図表10のⅠ）。

　また、評価時に、給与等への活用を想定した部局間調整として、一定の相対処理（図表10のⅡ）を行って、活用枠との整合を図ることも考えられます。

　評価結果と活用枠との連動が高まれば、評価結果の意味が明確になるとともに、評価から活用までのスムーズな流れが期待できま

51

図表10 評価と相対化イメージ

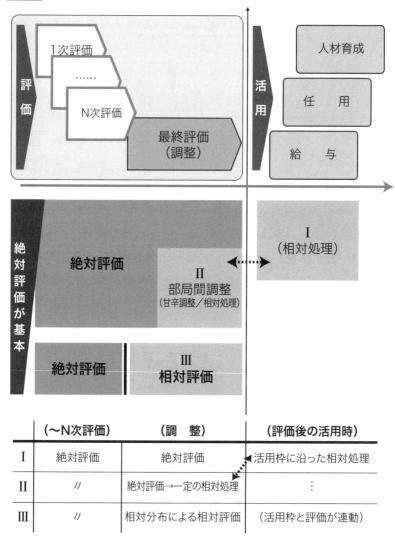

	（〜N次評価）	（調　整）	（評価後の活用時）
Ⅰ	絶対評価	絶対評価	活用枠に沿った相対処理
Ⅱ	〃	絶対評価→一定の相対処理	：
Ⅲ	〃	相対分布による相対評価	（活用枠と評価が連動）

＊実際には、上記のとおり厳密に区分できるものではなく、必要に応じ上記を組み合わせた運用となる。

（出典）活用研報告書

す。なお、評価の最終段階に相対評価を明確に位置づけ（図表10の
Ⅲ）、活用枠に沿った分布規制により評価結果と活用を直結させて
いる自治体も出てきました。

　さらに、一次評価の段階から相対評価をしている例もごく少数で
すが存在します。職員基本条例が議員提案された大阪府・大阪市の
例は、大きな反響を呼ぶことになりました。

COLUMN

点数制の採用

　相対処理の効率化を図る観点からは、評価結果の順位づけが容易で、
活用枠との関係を整理しやすいという特長を持つ「点数制」の採用も有
効です。

　評価結果を点数化する仕組みを評語と併用している自治体も多く見ら
れます。点数制においては、職位等に応じた能力評価・業績評価のウエ
イト配分などの調整、人事評価の運用熟度に応じたそのウエイト配分の
見直しが容易です。

Q15 人材育成への活用

人事評価は人材育成にどのように活用することになるのでしょうか?

解説

■ 期待する人材像を目指して主体的な能力開発が行われる

「期待する職員像」を明確に示すことによって、その方向に職員の行動を導き、人材育成が行われます。また、自己申告、目標設定、面談や評価結果のフィードバック等の人事評価のプロセスを通じて、職員の気づきを導きますが、そのことも**主体的な能力開発に**つながります。また、給与や任用への活用を通じた組織の士気高揚、職員へのインセンティブ付与も人材育成上の効果が期待されるところです。

なお、評価者たる管理・監督者にとっても、評価者訓練が能力開発の機会であるのはもちろんのことですが、責任を持って評価を行うこと自体がマネジメント能力の向上に寄与し、成長につながります。**人事評価というOJTを通じてのマネジメント能力の開発**が期待されます。

■ 評価と研修との連携も重要

さらに、能力評価の評価項目や評価結果を研修開発・実施に活用するとともに、評価結果に基づき各職員の得意分野の能力向上や弱点克服のための研修受講を促すといった活用方法が考えられます。

各職員がログインするポータルサイト上に、評価項目ごとの評価結果を示し、「○○能力を開発したい人のために」といった表示を出して、それをクリックすれば、該当する研修が受講できるようなシステムを構築することも考えられるでしょう。また、自発的な能力開発を促す観点から、職員が専門性の高い研修受講を志望し、当該課程を修了したら加点要素として評価している自治体もあります。

　さらには、研修受講の成果を評価に活かす観点から、適宜、受講成績を評価の参考情報としたり、評価に反映させたりするといった工夫も考えられるところです。

　いずれにしろ、人材育成と連携した人事管理を進めるためには、評価担当部門（人事課等）と研修担当部門（研修所等）が、総合的な人的資源管理の観点から緊密に連携していくことが求められます。評価者訓練の企画実施のときだけ連携しているようでは、まだまだ連携度は足らないと考えられます。

図表11 人材育成の分野への活用

〈人事評価のポイント〉

〜人材育成〜

①評価の方法：能力評価及び業績評価
- ・能力評価：職務上とられた行動をもとに能力を評価
- ・業績評価：設定目標に基づく業績の達成度合いやその他の業績を評価

◎マネジメント能力の醸成

②評価者訓練：各評価者への研修等

③評価基準等の明示：評価項目、基準、実施方法等の明示

◎期待する人材像の明示

④自己申告：被評価者が自らの業務遂行状況を振り返り自己申告を実施

⑤面　　談：目標設定や業務の遂行状況等について、評価者と被評価者がよく話し合い、意思疎通を図る。

⑥フィードバック：被評価者に対し、面談を通じて評価結果を開示するとともに今後の業務遂行について指導・助言

◎自己申告、面談や評価結果のフィードバックを通じた職員の振り返り
↓
やる気の増進
主体的な
能力開発

⑦苦情対応：評価に関する苦情に対応する仕組を整備
- ・「苦情相談」：(人事担当課等による簡易迅速な相談)
- ・「苦情処理」：(苦情処理委員会等による調査、審査による苦情処理)

プロセス

人事評価の評価結果

◎人材育成方針の下、人事評価結果を研修制度や計画的な人事異動等と連動させた体系的能力開発

（出典）活用研報告書

Chapter5　人事評価結果の活用

Q16　任用への活用

評価結果は、任用にどのように活用されるのでしょうか？

解説

■　人事評価結果の昇任等への反映

　任用とは、特定の人を特定の職に就ける行為をいいます。法律の文言に沿っていいますと、任用は、職に欠員のある場合にそれを補充するために行われ、その方法としては、採用、昇任、降任及び転任があります。

　昇任に当たっては、人事評価の評価結果から直ちに昇任が決定されるのではなく、自治体によっては昇任試験の受験成績等の結果をも踏まえ、昇任後の職務階層における職務遂行能力、適性を有すると認められる者が昇任候補者となります。そのうえで、各自治体における人事管理の考え方、人材育成上の考え方、当該職員の将来性など直接関連する事情を考慮し、最終的に最適任の昇任候補者を昇任させることになります。

　ただし、人事評価を任用の基礎として活用すべきものである以上、その趣旨に則った運用が求められるところです。実態としては、評価結果を参照する程度として運用している自治体も多いと考えられますが、人事評価に基づく任用を基本として運用の見直しを行っていく必要があるでしょう。

　国家公務員の場合、能力評価（複数年分）及び業績評価を反映して、昇任させるものとする、とされているところです。また、能力

STEP
1

基礎編

57

評価又は業績評価の全体評語が最下位となった場合は、降任又は免職の契機として活用することが予定されています（「人事評価ガイド」）（契機というのは、その後、指導その他の措置を行ったにもかかわらず、勤務実績が不良なことが明らかなときに、はじめて降任又は免職され得るということを意味します。）。

図表12　国家公務員の場合の昇任・昇格

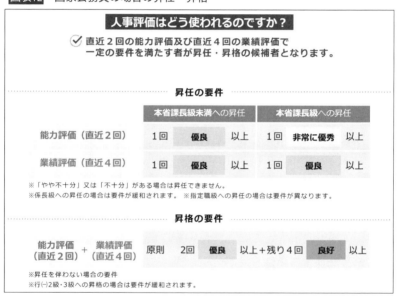

（出典）内閣人事局・人事院「人事評価ガイド《制度全般編》」

Chapter 5 人事評価結果の活用

Q17 分限処分への活用

評価結果を分限処分に使うというのはどういうことでしょうか？

STEP
1

基礎編

📚 解説

■ 身分保障と分限処分・懲戒処分

任用への活用のところでも触れましたが、評価結果が最下位の職員に対しては、分限処分を考慮していく必要が出てきます。

職員は、懲戒処分又は分限処分によらなければ、職員の身分を奪われることはありません。いわゆる身分保障が地方公務員法上規定されています。公務員は国民全体の奉仕者であり、公務の遂行に当たっては、公正かつ中立である必要があります。それを実現するために、職員が安んじて職務に専念できる体制を整備し、政治的に恣意的な処分がなされたりすることを避けるため、身分保障が規定されているのです。

民間の労働者の場合は会社とは私法上の雇用関係となっていて、公務員の勤務関係である公法上の関係の場合と異なり、身分保障は規定されていません（もっとも、判例上、解雇権濫用と認められる場合など事実上の一定の保護は認められています。）。

懲戒処分は、職員に何らかの職務上の義務違反、その他公務員としてふさわしくない非行がある場合に、その責任を確認し、公務員関係の秩序を維持するため科される制裁です。

これに対して分限処分は、公務の能率の維持及びその適正な運営

59

の確保の目的から、一定の事由がある場合に職員の意に反する不利益な身分上の処分を行うものです。職員本人の非行に対する制裁ではありません。

■ 法律上の分限処分事由と運用実態

地方公務員法上、分限処分により職員を免職できるのは、次の場合に限られます（第28条第1項）。

---

① 勤務実績が良くない場合
② 心身の故障のため、職務の遂行に支障があり、又はこれに堪えない場合
③ ①及び②に規定する場合の外、その職に必要な適格性を欠く場合
④ 職制若しくは定数の改廃又は予算の減少により廃職又は過員を生じた場合

これらの場合は、分限免職ができることに「法律上は」なっていますが、実例は極めて稀です。過去に免職処分を受けた職員が訴えを起こし、自治体側が敗訴する判例がありました。これは自治体の方で勤務評定（人事評価）を実施しておらず、訴訟資料が十分でなかったことに起因するものでした。

このような判例もあったので、自治体側も分限免職に関しては、極めて慎重にならざるを得ませんでした。

他方、市民から見て税金の無駄遣いと考えられる例を放置する自治体の側の責任は大きいと考えられます。人事評価制度をきっちりと構築し、人事評価の結果を適正に反映することが求められるようになってきたのです。

Chapter 5 人事評価結果の活用

■ 人事評価結果の分限処分への反映：きっちりとした手順を踏んで

そこで、人事評価の評価結果が最下位の職員に対しては、分限処分を考慮していく必要があります。しかし、評価結果が最下位であることをもって直ちに分限処分を行うのではなく、当該職員に対し、注意・指導を繰り返し行うことがまず求められます。

また、必要に応じて、担当職務の見直し、配置換え、集中的な特別研修などを行うことによって改善を図る努力が必要です。これらのことを行っても、勤務実績の不良の状態又は適格性に疑いを抱かせる状態が継続する場合には、分限処分を行う可能性がある旨の警告書を交付する等の措置を講ずる必要があります。そのうえで、一定期間経過後もこれらの状態が改善されない場合、最終的には過去の評価結果を含めて判断し、処分を行うものです。

いずれにしても、人事評価は分限の基礎ともされるものであり、評価者が本来なされるべき評価を行わず、適格性の欠如等が認められる職員を把握しようとしないのであれば、能力・実績主義に立つ人事評価制度自体に信頼性が得られなくなるものと考えられます。

国家公務員においては、勤務実績が不良であり公務能率に支障を生じさせている場合に、職員を降給させ、又は降格させることができる仕組みが設けられています（人事院規則11-10）。自治体においても、これを踏まえ同様の仕組みを検討していく必要もあるでしょう。

STEP
1

基
礎
編

61

図表13　国家公務員の場合の分限処分への反映

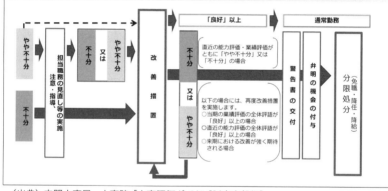

（出典）内閣人事局・人事院「人事評価ガイド《制度全般編》」

COLUMN

下位評価について

　下位評価についてまで相対化を想定している自治体は稀であり、結果的に下位評価の職員割合は低い水準にとどまっているのが実情です。

　職員全員が優秀であれば問題ないのですが、本来下位評価となるべき職員がいるのなら、それを確実に把握することは重要であり、いたずらに下位評価を回避しないよう、評価者の意識づけが不可欠であることはいうまでもありません。

Chapter5 人事評価結果の活用

> ## Q18 給与への反映
>
> 評価結果の給与への反映は、具体的にはどのように行われるのでしょうか?

STEP
1

基礎編

解説

■ 給与への反映は総人件費の枠内で

人事評価結果の給与への活用に当たっては、評価結果の反映に必要となる給与原資の確保を図りながら、メリハリのある昇給区分や勤勉手当の成績率・成績区分、適用されるべき人員分布率等を設定するなどして、全体としての人件費増を招かないよう留意する必要があります。

国家公務員の場合は、昇給については、従前の特別昇給の枠の原資を活用しています。また、勤勉手当については、職員全員の成績率をわずかながら低くして、それにより薄く広く定率で原資を集めた上で(全員から剥がして)、それを原資として配分しています。

活用に際しては、国の場合、勤勉手当は業績評価のみを反映し、昇給については、業績評価と能力評価を合わせて反映しています(図表14)。

自治体においては、それぞれが制度設計することが求められていますが、国家公務員における反映方法は1つの参考となるでしょう。

63

図表14　国家公務員の場合の昇給・勤勉手当への反映

①昇給への反映

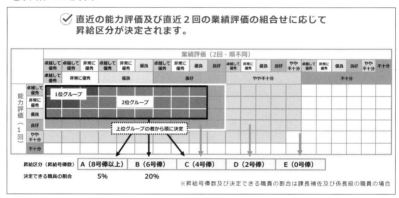

②勤勉手当への反映

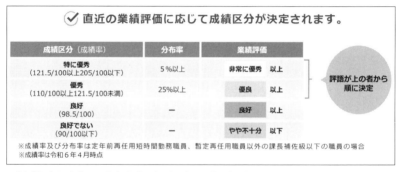

（出典）内閣人事局・人事院「人事評価ガイド《制度全般編》」

STEP 2

人事評価Q&A

実践編

STEP 2 では、これまでSTEP 1 で学ばれた基礎的なことを前提とした上で、実際の人事評価に当たって必要となってくる実践的な知識について学びます。

　まず、STEP 1 で学んだことの中で、特に人事評価にあたって注意する必要のあることについて、Chapter 1 で触れました。

　次に目標管理についてです。法律上、人事評価は能力評価と業績評価を共に行うこととされていますが、業績評価に関しては、目標管理に基づく業績評価を行うのが通例です。ただその際に留意する必要があるのは、組織としての目標と、個々人の目標とどのように統合するかという点、目標の難易度や達成度をどのように評価するか、という点です。Chapter 2 では、目標の立て方、目標管理シートの書き方、組織目標との連動が必要であること、などについて書いています。

　人事評価を実効性あるものとするためには、評価面談が極めて重要です。これは、人材育成の重要な局面でもあります。Chapter 3 では評価面談をどのように進めるかなどについて頁を割きました。

　一般に想定される上司と部下の関係以外の、様々な例外的なケースにおいても人事評価を行う必要があります。Chapter 4 では例外ケースへの対応について触れました。

　最後に、Chapter 5 で、評価者だけでなく、評価される側の被評価者にも留意していただきたい点について書いています。

---

　① 　人事評価に当たって
　② 　評価シートの書き方
　③ 　評価面談の方法
　④ 　例外ケースへの対応
　⑤ 　被評価者に求められること

Chapter 1 人事評価に当たって

Chapter 1
人事評価に当たって

Q1　**評価者として求められる姿勢**

昇任して、はじめて評価者になりました。不安だらけなのですが、どのような姿勢で臨めばよいでしょうか？

STEP
2

実践編

A　まず人事評価は評価者の担当業務の１つであることを十分に理解しましょう。そのうえで、主観的な判断基準で評価しないことや、職務における行動や結果を評価すること、被評価者の日頃の職務行動を把握することを心がけましょう。

解説　(この項は、内閣人事局・人事院「人事評価ガイド」に沿っています)

■ 評価は担当業務の１つであることを認識

　人事評価は管理・監督者（及びそれを補佐する者）の重要な役割です。日頃から人事評価は担当業務の１つであるという認識を持って取り組んでください。

■ 主観的な判断基準で評価しない

　評価基準等を統一的に理解・運用することが重要です。評価基準に対する理解が不十分で認識にばらつきがあると、評価要素を自分

67

の価値判断・経験などにより自分なりに理解し評価することとなり、さらには、評価者の思惑や個人的な感情が入りやすくなります。その結果、被評価者に「適切に評価されていないのではないか」といった疑問や不満を抱かせることにつながります。評価基準等を適切に理解し、評価作業を行いましょう。評価基準等に対する疑問や判断時の迷い等があった場合には人事課の人事評価担当者に確認しましょう。

■ 人間性や人格ではなく、職務における行動や結果を評価する

　人事評価は、人間性や人格を評価するものではなく、また、被評価者の保有するすべての能力や潜在的な能力を評価するものでもありません。保有している能力のうち、職務行動を通じて顕在化した能力及び職務遂行結果を客観的に把握することが重要です。

　「几帳面だから仕事は正確だ」とか「まじめだからしっかりやっている」などと、生まれながらに持つ「性格」に強く影響され、そのために評価の公正性や納得性を損なうことが見受けられます。人事評価は、あくまで職務遂行における行動及び結果に基づき、能力や業績を評価するものであることを意識して、評価を行いましょう。

■ 被評価者の日頃の職務行動を把握する

　評価者が日頃行っている業務管理の中で、被評価者の行動や業績を把握されていると思います。こうした日頃の業務管理を通じて、職務行動のうちの顕著な行動等について評価項目及び行動や着眼点を通して把握し、評価の材料として収集していきましょう。

　一方で、評価材料としての行動等についての記憶は、時間の経過

Chapter 1 人事評価に当たって

とともに鮮明でなくなるために、評価期日に近い時期のみの行動で部下を評価したり、事実による評価でなく、主観や推測による評価となりかねません。必要に応じて、記録にとどめておきましょう。

■ 人材育成の観点からの適切な指導・助言

　人事評価は、能力・実績主義の人事管理の基礎となるツールであるとともに、個々の職員の側から見れば、自らの強み・弱みを把握して自発的な能力開発等を促すことにもつながるなど人材育成の意義を有しています。評価結果のみならず、きめ細かな指導・助言は、被評価者の今後の業務遂行に当たり具体的な改善点等を示すことなどにより、公務能率の向上に大きく寄与するものです。適切な指導・助言を行うことによって、人材育成につなげてください。

STEP
2

実践編

COLUMN

使い手にやさしい人事評価制度

　評価制度を設計する際には、評価者の負担がどの程度になるのかという点についての検証が必要です。ある自治体では、評価制度をどんどん精緻化していったために、人事評価マニュアルが150頁を超えてしまい、評価者の過大な負担を招いてしまいました。ヒアリングしたところ、「やらされ感」や「評価疲れ」を指摘する管理職の声が多くありました。

　「事務事業評価シート」「行政改革目標管理シート」と同時に「人事評価シート」が導入され、現場が混乱している自治体もあります。評価シートを記入する評価者の立場に立った、「使い手にやさしい」人事評価制度を構築する必要があるでしょう。

Q2 公平性・客観性を確保するには

人事評価の基本原則として「公平性」「客観性」が重要だということはわかるのですが、そのためには、どのようなことに気をつければよいでしょうか？

A 　まず、制度設計時に、正しい評価基準を選択しておくことが重要です。個人の性格など、評価者の印象や主観の入りやすい項目は除外しておかなければなりません。評価基準は、あくまで公平性を確保し、かつ客観的なものである必要があります。

　そして、運用時には、評価の誤りや評価誤差を少なくするため、評価者研修を通じた評価スキルの向上を定期的に図っていくことが大切です。一方の被評価者も、研修を通じて評価の仕組みや評価基準などを正しく理解し、被評価者自身が正しく評価されているかどうか客観的に判断できるようにしておくことも重要でしょう。

解説

■ 公平性と客観性は人事評価の基本原則

　一般に、人事評価の基本原則としては、公平性と客観性が重視されます。それらが確保される評価でなければ、職員に信頼されず、職員の納得が得られず、彼らの労働意欲の低下を招くことになるからです。信頼されるには、評価制度自体への信頼性と個々の評価の

信頼性との双方が必要になります。公平・客観的な評価基準を設定し、公平・客観的に適用をしていく必要があります。

■ 制度設計時に評価基準を正しく選択しておくことが重要

まず、評価基準の選択が重要です。基準の選択が不当なものであったり、恣意的なものであったりすれば、制度そのもののあり方が問われることにもなります。自治体で人事評価が強く求められているのは、職員のレベルアップにより「住民サービスの向上」を図るためであり、その実現に関連する基準をもって評価することが原則です。それが公平性、客観性を保ち、職員の納得性を高めることにつながります。

個人の「性格」など、評価者の印象や主観的な判断要素の入りやすい項目は、評価基準から除外するのが一般的な傾向です。主観的な基準で評価するのは公平な評価とはいえず、職員の納得性も得られません。評価基準は公平性を確保し、かつ客観的なものである必要があります。

■ 研修を通じて継続的に評価スキルを向上させる

公平性は、その適用面においてもまた不可欠となってきます。個人的な好き嫌いや「閥」などによって評価を変えるようなことがあれば、公平性は確保できません。運用時においては、評価者の取組と、被評価者の取組の双方が求められます。

まず、評価者は、評価の誤りや評価誤差を少なくするために、評価スキルの向上を図らなければなりません。評価者研修は、昇任時に必ず受講するとともに、それ以降も定期的に受講する必要があります。研修の中で、全庁の評価結果の平均値などから自分の評価の

癖や特徴を知り、評価スキルのさらなる向上を図る必要があります。

　一方の被評価者も、積極的に被評価者研修を受講し、評価の仕組みや評価基準、評価時の基本ルールを正しく理解し、被評価者自身が正しく評価されているかどうか客観的に判断できるようにしておく必要があるでしょう。

　さらに、評価体制の工夫として、評価者ごとのブレに対応する場合は部門長が、部局ごとのブレに対応するためには人事担当部門などが評価結果の調整、いわゆる「甘辛調整」を行い、所属間で誤差が生じないようにすることも必要です。

Chapter 1 人事評価に当たって

Q3 評価誤差・評価エラーを避けるために

公平公正な評価を行うためには、「評価誤差」「評価エラー」を避けることが必要だとのことですが、そのためにはどのような点に留意すればよいでしょうか?

STEP
2

実践編

A 　公平公正な評価のためには、評価基準の客観性をできるだけ高めるとともに、適用面でのばらつきをできるだけ少なくすることが必要です。

基準としては、できるだけ主観が入りやすい項目は除外して、客観的な基準としておく必要があります。また、運用に際してのばらつきを避けるために、評価者間の目揃いが必要です。評価基準をその都度チェックし、運用マニュアルを熟読するとともに、評価者研修に繰り返し参加することが重要でしょう。

解説

■ 基準づくりや適用面での努力が不可欠

　人事評価は、評価方式そのものと、運用に当たる評価者の観察とで成り立つものです。そのため、誤差もそれぞれ、「評価制度」「評価者の意識」の両面から発生してきます。

　評価の客観性と公平性を確保するためには、「評価者による評価の過誤」や「評価者間の評価の不均衡」を回避するための仕組みをどのように構築するかが重要なポイントとなってきます。そのためには、評価基準の客観性をできるだけ高めるとともに、適用面での

73

ばらつきをできるだけ少なくするような努力が必要です。評価基準の客観化、評価者訓練、評価者の多層化など、考え得る種々の方策を講じる必要があります。

職員に納得される人事評価のためには、基準の設計及び適用の両面における客観性、公平性の確保が必要です。まず設計面として、評価基準自体、主観が入り込みにくいよう設計する必要があります。

■ 研修に十分な時間を割く

次に、適用面での客観性・公平性の確保のために、評価者を対象とした評価者訓練の整備が不可欠です。

自治体の場合、評価者訓練をきちんと行っている自治体の割合がまだまだ少ないのが現状です。講師の都合がつかないなどの理由で、「文書による通知」のみで終わらせている自治体もありますが、そもそも人事評価制度の客観性を高めようという意思があるのかどうか疑わしいところです。組織管理の重要なツールである人事評価制度の成否は、公平性、納得性の確保にかかっています。国の場合は、動画を作成し、それを受講する形の人事評価者研修を毎年行っています。一堂に会しての研修が困難な場合でも、研修風景を撮影しておき、あとで欠席者に見てもらうなどの工夫が必要です。

評価の甘辛を調整し、評価誤差をできるだけ少なくするためにも、評価者全員を対象に、繰り返し評価者訓練を行っていく必要があります。手間暇を惜しんで制度への信頼そのものを失っては元も子もありません。

Chapter 1 人事評価に当たって

■ 評価者の多層化も必要

適用面における公平性・客観性の確保のために、評価者の多層化も重要なポイントでしょう。直接の上司のみでは、やはりどうしても評価者ごとのブレが大きく出てしまいます。

そこで、評価者の上司など、何段階かにわたって複数の人が評価を行う「評価者の多層化」の仕組みが必要となってきます。また、同僚や部下、後輩、業務上関連のある他部署の職員なども評価者となる「多面評価」も普及しつつあります。民間企業では、360度評価はかなり一般的な流れのようです（取引先や顧客の評価を評価点数として加算するなど）。

STEP
2

実
践
編

Q4 **業績評価のみで足りるか**

うちの自治体の首長は民間企業出身者で、常々「結果が第一」といっています。そのことから考えると、能力評価は不要で、業績評価だけで足りるのではないでしょうか？

A 証券外務員や自動車のセールスマンなどは、販売実績だけをもとに歩合給のような給与の定め方をしている場合もありますが、そのような給与の決め方は民間企業全体から見ればむしろ少数です。民間企業でも、業績評価と能力評価を組み合わせた評価体系となっていることが多いのです。

公務部門もこの2本立てを採用しています。業績評価だけだと、本人に帰責事由のない外部要因によって業績が大きく左右されてしまうことがあります。また、短期的な業績向上に専念するあまり、長期的な組織の利益（評判や信頼など）を犠牲にしてしまう危険性もあります。さらに、組織力向上のための人材育成の観点から、能力評価が欠かせません。

つまり、評価要素の組み合わせが重要なのです。ただ、この組み合わせの比率は、被評価者の役職段階によって変わってきます。

解説

組織の目的が「業績を上げること」であれば、「業績のみを評価要素にすればよいのではないか」という意見もあり得ますが、これ

に対しては、次のような反論が考えられます。

■ 評価が外的要因に左右されてしまう

まず、第1に、同じ潜在能力、労働意欲、職務行動を持っていた場合でも、個人の裁量を超えた環境条件の変化によって業績は短期的に変動してしまう可能性があります。つまり、業績というものは最も不安定な要素であり（図表3（22頁）の左に行くほど安定的な要素、右に行くほど不安定な要素）、個人に関係ないところで左右される可能性が大きいといえます。このことを「外的要因に左右される」といいます。

そのため、たまたま業績の上がりにくい仕事に配置された人が低く評価されてしまうという不公平が生まれてきます。これが続けば、評価に対する従業員（職員）の納得性と労働意欲は低下してくることにもなりかねません。

■ 長期的視野やインセンティブが損なわれる

第2に、業績は一般的に短期的に評価されるため、個人は、短期目標にのみコミットすることになり、長期的な視野で能力を高めたり、組織の将来のために働こうとしたりするインセンティブが減少してしまいます。結果として組織の最も重要な部分を損ねることになりかねません。

■ 業績だけ見ていては人事管理ができない

第3に、「業績を上げる」ということが最終目標であったとしても、業績のみを見ていたのでは目標を達成できません。業績のみにとらわれた評価では、配置と能力開発の「今の状態」を正確に把握

することができず、結局は、より大きい業績を実現するためのより適切な人事管理をつくり上げることができないことになるのです。

■ 複数の評価要素の組み合わせ方がポイント

1990年代に成果主義の嵐が日本企業に吹き荒れましたが、富士通に代表されるようにそれが必ずしも成功しなかったといわれるのは、以上見てきたようなさまざまな問題点も原因となっていると思われます。

しかし逆に、業績に代わって、潜在能力だけに焦点を当てた評価をすればよいのかというと、必ずしもそうはなりません。たしかに、仕事配分における短期的な運不運や長期の能力開発が阻害されるという問題は回避できるかもしれません。しかしそれでは、今の業績を高めようとする短期的なインセンティブが働かず、今の業績に見合った適切な処遇をすることが難しくなってきます。

結局、各評価要素が持つ特性を考慮した上で、評価の目的に合わせて複数の要素の最適な組み合わせを考えるのが現実的だと考えられます。

■ 評価要素のウエイトは対象者によって変わってくる

また、評価要素を組み合わせる際には、評価対象者の区分（評価区分）に応じて、組み合わせウエイト付けの仕方を考える必要もあります。

入庁初期の若手職員ならば、これから組織に貢献してもらうために伸ばしていくべき能力に着目し、能力評価に重点を置いた組み合わせになるでしょう。逆に、管理職層については、すでに培われてきた能力を発揮してそれぞれの職務を適切にこなし、組織業績を上

げることによって組織に貢献しているかどうかという側面を測るために、業績評価をより重視した評価要素の組み合わせになるでしょう。

図表15 評価対象区分によるウエイト付けの違いの例

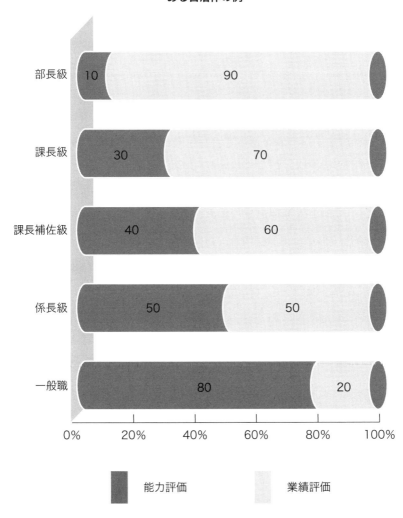

Chapter **2**

評価シートの書き方

Q5 目標管理シートの書き方

目標管理シートを記入する際には、どのような点に留意する必要があるでしょうか？

解説

■ 目標設定手順：順を追って目標管理シートを記入する

目標管理シートを記入するに際して、自らの目標を考え記入することも大変ですが、もっと大変なのは、組織全体の目標からブレイクダウンしてくる形での個人目標との統合のプロセスです。

目標管理の2側面（図表6（42頁）参照）のうち、①組織内の職員の貢献を共通の方向に向ける役割を果たす側面（機能的側面）をいかに目標管理の中に入れ込んでいくことができるかという点について考えていきましょう。

目標設定のステップとして、次のものを想定してみましょう。

ステップ1：目標設定に当たっての検討事項の整理・把握
ステップ2：自部門・自分の業務における対応課題の抽出
ステップ3：目標設定
ステップ4：ウエイトの設定
ステップ5：目標設定面談の実施

Chapter 2　評価シートの書き方

■ ステップ１：環境変化の整理、上位方針・目標のブレイクダウン

まず、ステップ１においては、「環境変化の整理」と「上位方針・上位目標のブレイクダウン」を行います。

○環境変化の整理

職場を取り巻く環境の変化を評価し、それが職場に及ぼす影響度合いを評価し、さらに対応の仕方を把握する。

○上位方針・上位目標のブレイクダウン

経営方針、市の総合計画、施政方針などをしっかりと把握し、それらを単にスローガンとして受け止めるのではなく、なすべきことを考える際の重要な検討材料とする［方針の翻訳］。そして、それらを踏まえた上で、自分の属する組織、自分の業務において期待されていることを整理する（図表16の①）。

この部分は、重要なポイントとなってきます。

そして、「主要業務（自己の役割）の整理、確認」「組織内外関係者（市民や顧客も含む。）からの期待の整理、確認」「現状の問題点・前期の反省点の確認」をそれぞれ行います。

■ ステップ２～４：課題抽出、目標設定、難易度仮決定

ステップ２においては、ステップ１で整理した内容について、自分が取り組むべき課題を抽出します。そして、抽出した課題についての目標項目を考えます。

そのうえで、ステップ３として、「何を」「どれだけ（どの水準まで）」「いつまでに」を明確にした目標設定を行います。

ステップ４では、目標の重要度（組織貢献度）と達成のための業務量を見てウエイトの設定をし、それぞれの難易度の仮決定をします（ここまでが図表16の②）。

STEP
2

実
践
編

81

■ ステップ5：目標設定面談

そして、ステップ5の目標設定面談に臨むことになります。

目標設定面談において、上司は、ステップ1における上位目標との連携がとれているかどうかを確認します。上位目標が下位目標へとブレイクダウンできているかどうかを被評価者と話し合い、確認を行います。場合によっては、目標設定の変更を被評価者に指示することもあるでしょう。さらに、ステップ3における3つの要素が明確に書かれているか（とりわけ、水準設定は定量的か）、そしてステップ4の難易度は適切かについて、被評価者と面談を進めます。

図表16 目標等設定手順の例

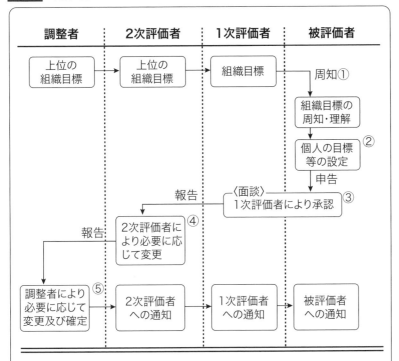

① 組織目標の周知により、組織としての使命を明確化し、業務に対する理解度の向上を図る。
② 被評価者は組織目標を達成するための業務目標、目標達成に係る業務の難易度を自身で設定し、1次評価者に申告する。
③ 被評価者からの申告内容について、1次評価者が確認の上、承認する。
　必要に応じて、被評価者は、1次評価者の助言、指導により、目標等の変更を行う。ただし、被評価者の目標等の変更によっても組織目標との整合性が図られない場合には、1次評価者は被評価者の目標等を変更することもできる。
④ 2次評価者は1次評価者から報告された目標等について、全体のバランスから必要に応じて変更を行う。
⑤ 調整者は2次評価者から報告された目標等について、全体のバランスから必要に応じて変更及び確定を行う。

（出典）第18次公能研報告書

図表17 国家公務員の目標管理による業績評価シート

評価期間	平成　　年　　月　　日〜平成　　年　　月　　日
期首面談	平成　　年　　月　　日
期末面談	平成　　年　　月　　日

（Ⅱ　業績評価：共通）

【1　目標】

番号	業務内容	目標 （いつまでに、何を、どの水準まで）	困難 重要
1	△△会議における◆◆取りまとめ	△△会議の委員を□月までに選定し、○月までに会議を5回開催し、各回に●●の問題点や課題などを明確にした会議資料を提出するとともに、各委員の様々な意見を踏まえ、◆◆のたたき台となる取りまとめを○月までに打出してもらう。	◎
	期首：被評価者 ・業務内容を端的に表す見出し的なものを記載	期首：被評価者※ ・「何を」「いつまでに」「どの水準まで」「どのように」をできるだけ具体的に、事後にその成否を判断しやすい形で記載 ・抽象的な記載とせざるを得ない場合、当該期における重要事項や留意事項など評価させるポイントを明確に ・チームの共通目標に対する自分の果たす役割を記載する方法も ・職位にふさわしい目標であるかどうか ※期首に被評価者が記載し、面談等を経て確定。期間中に評価者と面談等の上、追加・変更することも可能	期首：評価者※ ・目標の困難度や重要度に応じ、「◎」や「△」（どちらでもなければ無印）を設定 ・いずれの場合においても、面談等により被評価者と認識を共有 ※期首に被評価者が設定することが原則だが、期末に変更又は追記することも可能
3	適正な予算執行		
4	○○業務の見直し		

（出典）内閣人事局・人事院「人事評価マニュアル《資料編》」
　　　　※令和4年9月までの人事評価に係る資料として公開されています。
　　　　（https://www.jinji.go.jp/content/900006260.pdf）

Chapter 2 評価シートの書き方

被評価者	所属：		職名：		氏名：	

評 価 者	所属・職名：	氏名：	評価記入日	平成　年　月　日
調 整 者	所属・職名：	氏名：	調整記入日	平成　年　月　日
実施権者	所属・職名：	氏名：	確　認　日	平成　年　月　日

STEP
2

実
践
編

自己申告 （達成状況、状況変化その 他の特筆すべき事情）	評価者		調整者 （任意）
	（所見）	（評語）	
○月までにとりまとめ作業を終え、局幹部への了解をとる予定であったが、調整に難航し現時点でようやくまとまった状況であり、とりまとめに遅れが生じた。	当初予定した期限にはとりまとめられなかったものの、委員の都合による日程調整に困難を伴ったなかで行われたものであり、期待された成果をあげたと言える。	a	
●●措置について、△△会	期末：評価者	b	

期末：被評価者
　当期の業務遂行を振り返り、達成状況、目標設定時からの状況変化その他特筆すべき事情、共通目標に対する自らの取り組み内容等を記載

期末：評価者
　自らが把握した具体的事実等に基づき、評価の根拠や特記すべき事項等を記載

期末：評価者
・s～dの5段階で評価
・「困難度」の高い（◎）目標や低い（△）目標を個別標語を決定するに当たり考慮

| 今まで複雑な処理を行っていた事務の見直しを行い、効率的な作業が行えるよう事務処理要領を改正した。 | 時間がかかっていた複雑な作業負担が減り、事務の合理化が図られた。 | b | |

期末：調整者
・調整時に必要に応じ、s～dの個別標語を記載（任意）

【2　目標以外の業務への取組状況等】

番号	業務内容	自己申告 （目標以外の取組事項、突発事態への対応等）
1	○○の検討	○○についての事件をきっかけに、早急な対応を迫られた○○について、関係事業者・団体等へのヒアリング、本省や関係機関との協議等を行った上で対応を検討し、スケジュールや実施方針について方向性を打ち出した。
2	○○への対応	課内の事務分掌変更により担当することになった○○業務について、○月に△△をし、□月までに■■を実施した。
3	○○**業務の適正な対応**	

期末（期首）：被評価者
・期首に予想していなかった突発的な課題への対応
・目標として掲げた主要な業務ではない業務があった場合に、日常業務の遂行状況、周囲への協力など、当該業務の達成状況等を記載
・なお、期首において課題の認識はあるものの具体的な対応が定まっていない事項などについてもあらかじめ期首に記載することも可

期末：評価者
　業務目標ごとの評価及び目標以外の業務の達成状況を総合的に勘案し、全体評語を付すに当たっての補足説明（全体評価の評語決定の論拠等）を記載

期末：評価者※
・S～Dの5段階で評価
※「重要度」の高い（◎）目標や低い（△）目標については全体評語を決定するに当たり考慮

【3　全体評語等】

評　価　者
（所見）

Chapter 2　評価シートの書き方

被評価者	所属：		職名：		氏名：

評　価　者

○○への対応については、ポイントをしぼった効率的な実態把握、必要な課題・論点の整理と関係各方面への報告、本省等との協議等を短期間のうちにこなすなど、急な対応を迫られた難しい課題であったにもかかわらず、重要な成果をあげている。

○○は、事務分掌変更により新規に付加された業務であるが、従来業務に支障を及ぼすことなく、一定の成果をあげた。

○○業務は、係のルーチン業務であるが、その膨大な事務量を支障なくこなしたことは、期中における重要な成果であったと言える。

期末：評価者
・自己申告欄に記載のあった業務について、評価者所見を記載
・**自己申告欄に記載がなくても、評価者において、評価に当たり考慮することが適当と認められるものがある場合には、当該業務の業務内容及び所見を追加記載**（太字部分）

期末：調整者
・評価者の評価に特に不均衡がなければ同じ評語を記載。
・不均衡があれば、評語を変更して記載又は再評価を指示

期末：調整者※
　評語を変更した場合は、評価者が被評価者に説明を行うため、変更した理由を必ず記載（評語を変更しない場合は任意）

		調　整　者	
（全体評語）	（所見）		（全体評語）

STEP
2

実
践
編

87

Q6 　目標の表現方法

目標設定では、「何を」「どれだけ」「いつまでに」を明確にする必要があるとされていますが、このうち、「どれだけ」というのはなかなか明確には表現しづらいです。どうすればよいでしょうか？

A　目標設定で「どれだけ」「どの水準まで」は、うまく書き表すのが難しく考えられる場合も多いでしょう。しかし、できるだけ明確に記載し、また、定量化するようにしてください。いくつかの具体例を示しておきました。

解説

■ 目標は定量化し、具体化する

目標設定において、「どれだけ」「どの水準まで」は、慣れないとなかなかうまく表現することができないようです。しかしながら、できるだけ定量化することを心がけてください。

定量的な目標としては、次のようなものがあります。

・500万円以上の高額滞納者の人数を〇人から△人に減少させる。
・公用車の事故発生件数を、昨年より〇％減少させる。
・〇〇館への入館者数を、今年度の〇〇人から△△人へと1,000人増加させる。

仮に、定量化することが困難で、定性的な表現しか用いることができないものについては、極力、具体的な表現を用いて設定する必

要があります。曖昧な水準設定をしておくと、期末の評価のとき
に、達成度評価が困難になってしまうからです。

定性的な目標としては、次のようなものがあります。

> ・○○作業の管理システム開発のうち、△△生産性を測定する指標
> を明確にするところまで完了する。
> ・新人の非常勤職員が読んでわかる電話応対マニュアルを作成する。

■ 表現の変え方の具体例

図表18は、目標をより具体的に設定し、明確性を維持するため
に、「使うべきではない表現」と「改善例」を示しています。

図表18 目標設定表現の変え方

使うべきではない表現	改善例
・努力する／努める ・徹底する ・目指す	・○○まで達成する ・○○を実施する ・または、実施した結果どうなるかを記述する
・支援する ・助言する ・調整する ・管理する	・自分自身がそのために何を実施するのかを目標として設定する ・または、それを実施した結果どのようになるのかを記述する
・効率化する ・明確化する ・安定化する	・実施の結果どのようになったら、それが達成されたのかを具体的に記述する
・等	・具体的に列挙する
・極力 ・可能な限り ・できるだけ ・必要に応じて	・具体的に、○○を○○までに達成する
・臨機応変に	・○○の場合は、○○する
・協調して	・（役割分担が不明確であることから、役割分担を明確にして）、その役割において○○を達成する

（出典）第18次公能研報告書

Q7 曖昧な環境下での目標設定

目標設定の時点で曖昧なことが多いものについては、設定目標から外した方がよいでしょうか？逆に、ルーティン業務は目標設定してよいのでしょうか？

A 　目標というのは、そもそも曖昧な環境下で設定しなくてはならないものです。曖昧さが大きいものについては、目標設定時点で概略内容だけを目標管理シートに記載しておき、のちに、設定し直すことが考えられます。

　なお、ルーティン業務であっても、改善や効率化の意味が入っていれば、それを目標として設定することは可能です。

解説

■ まだ未確定のプロジェクトの取扱い

　もうすぐ立ち上げ予定のプロジェクトがあるけれど、詳細はまだ決まっておらず曖昧なまま、ということもあるでしょう。このような場合、目標設定はどうすればよいでしょうか。

　もちろん、当該プロジェクトが、業務に占めるウエイトが高く重要なものであれば、設定目標から外すわけにはいきません。そもそも、目標というのは、不確かな情報の下で設定するもの、つまり曖昧な環境下で設定しなくてはならないものです。今回の事態は、その不確かさが極めて大きいという場合に該当します。

　したがって、とりあえず目標設定時点では、概略内容だけを目標

管理シートに記載しておき、具体的にプロジェクトの内容が判明した時点で、被評価者が担当する範囲の目標項目、達成水準、時期を設定し直すことになります。

　目標設定面談の際、こうした事情を確認しあっておき、中間面談の際に、目標項目等を追記、あるいは修正します。そして、期末の評価時点までには、当該評価期の目標を確定しておくことになります。

■ ルーティン業務の目標設定：チャレンジ目標なら可

　ルーティン業務そのものを設定目標とすることは、望ましくないとされています。毎月末に定例の事業実施報告書を提出することがルーティンとなっていた場合に、「毎月末までに事業実施報告書を提出する」というのは設定目標とは認められにくいでしょう。工夫や努力がなくても毎月達成できてしまうからです。

　そもそも、目標の要件として、「挑戦的であること」という点が挙げられます。向上を目指す、効率化を目指す、改革・改善を目指すといった意味合いが、目標には含まれています。本人の現有能力以上のものにチャレンジすることで、能力開発するという意義もあります。難しい目標を成し遂げることで達成感を味わうことができ、次への挑戦の自信ともなるのです。

　こう考えてくると、ルーティン業務であっても、改善や効率化の意味が入っていれば、それを目標として設定することは可能でしょう。「○○事業実施報告書の様式を変更して、前期と比較して見やすくするよう改善する」「△△事業実施報告書を月末に提出していたが、3日間短縮する」など、業務改善が含まれている、あるいは本人にとってチャレンジングなものであれば、設定目標となりま

す。

　なお、例外として、ルーティン業務そのものを目標とすることが認められるのは、変動要因が大きく、維持することに多大な労力と注意が必要な事項を目標とする場合、などに限られるでしょう。具体的には、次のQ&Aを参照してください。

COLUMN ··

業務目標とは何か

　業務目標について、「第18次公務能率研究部会」では、次のようにまとめています。

- ・業務目標とは、総合計画などの施策や事業等の体系から設定されるもののほか、法令等により義務的に行わなければならない事項等を考慮して設定されるもの。
- ・業務目標として「何を」及び「どの水準まで」を具体的に設定する。
- ・目標達成に係る「どのような方法で」及び「いつまでに」は、業務目標に対する認識を共有しやすくするための補完的なものとして設定する。
- ・業務目標の設定は、安易に達成できるレベルではなく、あくまでも、ある程度の努力によって達成が可能となるレベルを設定する。

Chapter 2 評価シートの書き方

Q8 定型的な部門における目標設定

定型的な業務を行っている部門では、目標の立て方が難しいように思いますが、どのような目標設定をすればよいのでしょうか？

STEP
2

実
践
編

A 　徴税課における徴税率など、数値目標を設定しやすい部門がある一方で、定型的な業務を行っていて目標が立てにくい部門もあります。しかし、どのような部門においても、業務改善を含む何らかの年度目標は置かれてしかるべきですし、それが組織をよりよくしていくことになります。以下、いくつかの目標設定例を挙げてみました。

解説

■ 市民課

・印鑑登録業務の統一的な事務処理を図るため、○月末までに過去に判断に窮した事例や近隣団体の実例等の収集を行い、それらをもとにした事務処理マニュアルを作成する。
・○月末までにわかりやすくて見やすい住民向けガイド資料を作成し、説明時間の短縮化を図ることにより、受付・交付事務を概ね○件／日処理できるよう迅速化を進める。
・受付体制・機器整備に関する提案書について、関係職員との打ち合わせを○月末までに行い、問題点や手続におけるお客様の動き等を検証し、○月までに案を仕上げる。

93

■ 社会福祉課

・ケースの状況に応じた生活保護世帯の訪問を月〇件実施して、健康状態・収入状況等を〇月末までに確認し、生活保護世帯の自立助長のための指導を行う。
・要保護児童等ケース進行台帳の作成に当たり、〇月末までに対象児童の範囲や入力方法、セキュリティ対策をまとめる。
・扶助認定事務及び扶助適正事務の効率化を図るため、〇月までに事務処理体制の見直しを行うとともに、地域の民生委員との連携を強化するため、〇月、△月、×月に〇回程度、連絡会議を開催する。
・障害児の補装具費支給決定事務など判定が困難なケースについて、〇月末までに他市の事例調査を行い、個別記録を整理し、事務作業を1件につき〇日程度に短縮する。

■ 介護保険課

・県の適正化計画に基づき、〇月までに新たな給付適正化システム関連業務の運用を徹底するとともに、〇月末までにマニュアル・チェックリストを作成し、職員の業務レベルの水準確保を図る。
・高齢者健康教室の事業内容及び助成制度を〇月の広報誌により広く周知し、〇〇課と連携した〇〇の募集を実施することにより、参加者の前年比〇％増を図る。
・介護保険事業計画に基づく地域密着型サービス事業の適切な実施を図るため、事業者の意向等関連情報の収集を行い、〇月までに事業者の公募・選定事務を円滑に進め、事務処理の進捗管理を定期的に課長に報告する。

■ 納税課

・市県民税（特別徴収）について、〇月末までに、事務所への電話・文書催告を行い、滞納事業所数を〇〇件減らす。

Chapter 2 評価シートの書き方

- ・平成〇年度から新たに未納になった者に対し、年度末までに最低〇日程度、電話・文書催告等を行い、新規滞納者の前年度比〇%削減を目指す。
- ・現在、約〇%である市税の口座による還付について、各支所〇〇課と集落単位の市税の説明会を合同で行うことによりPRし、年度末までに△%以上向上させる。

STEP
2

実践編

■ 建築指導課

- ・建築確認審査の処理期間短縮について、年度末までに、審査体制の見直しを行うことにより、消防同意案件を除き概ね〇日以内の処理を行う。
- ・中高層建築物等の建築に関する建築紛争の予防を行うため、〇月までに条例の内容をわかりやすく説明したパンフレットを作成し、住民周知や説明の手続に関する講習会を隔月に開催するとともに個別相談に応じる。
- ・〇〇地区の都市計画区域の設定を円滑に推進するため、〇月までに住民説明会を開催して住民の合意形成を図るとともに、〇月までに市都市計画審議会への報告資料を作成し、△月予定の審議会にかける。

■ 住宅課

- ・市営住宅工事の品質向上を図るため、〇月までに工程会議による定期的な打ち合わせを行うとともに、週〇日は現場での安全管理、工程管理、品質管理についてのチェックを行い、工事成績をすべてBランク以上とする。
- ・市営住宅工事の現場監理の徹底を図るため、やり直しや手直しが生じないよう、毎週必ず工程会議等で請負業者及び監理者への伝

95

達を行うことにより、現場での各段階確認時における指摘事項を
〇項目以内にする。

・市営住宅の家賃徴収の徹底を図るため、前年度の徴収率維持を目
指し、〇月までに滞納者に対する督促状の発出や訪問徴収を行う
とともに、〇、△、×の長期滞納案件について法的措置の執行を
行う。

■ 環境衛生課

・各地域のごみ置場設置条件の不均衡を把握するため、〇月までに
ごみ収集所台帳のデータベースを完成させ、設置条件の見直しの
是非について、部内で成案を得る。

・不燃ごみの定期収集について収集ルールの統一及び明確化を図る
ため、〇月までに市での電話応対案件等を参考に整理した回収
ルール案を作成し、全収集業者への説明を行うとともに、意見を
聴取し、成案を作成して遵守の徹底を図る。

・〇月までにごみ減量ポスターを作成し各自治会へ配布するととも
に、〇〜〇月の間に重点地区の設定及び説明会を実施し、減量に
対する啓発運動の積極的推進を行い、組織目標であるごみ排出量
の対前年比△％減の達成を図る。

■ 下水道課

・公共工事のコスト縮減を進めるため、〇月末までに近接工事の一
括発注や工事積算時における使用材料及び新工法の検討結果の整
理を行い、予算額を〇％縮減する。

・下水道水洗化率の向上を図るため、〇月末までに旧町村部の下水
道未接続世帯情報の統合を行って現状を把握し、HPでの広報記
事を作成・掲載するとともに、半期毎に未接続世帯に対し接続促

Chapter 2 評価シートの書き方

進に関する文書・パンフレットを発出し、接続率を対前年比2％
上昇させる。
・浄化槽補助金に係る事務処理の迅速化を推進するため、〇月末ま
でに受付台帳のデータベース化を行い関係情報の集約を行い、申
請書から決定通知文発出までの事務処理を原則〇週間以内に行う。

（出典）活用研報告書

STEP
2

実
践
編

> **Q9** 難易度の調整法
>
> 難易度の調整はどのように行えばよいでしょうか？

> **A** 　目標管理において、難易度設定は「勘所」です。職員は誰しも自分の行っている仕事が重要であると考えたくなるものですし、他の人の仕事の内容が十分見えない中ではそれもやむを得ないことです。
>
> 　また、評価結果が処遇へ反映される仕組みの場合は、できるだけ簡易な目標を設定して、それを「難易度が高い」と訴えることが個人にとって得策になってしまいます。
>
> 　こういったことを避けるために、難易度の設定に当たっては、個人とその上司だけではなく、客観的に部局単位で、あるいは小規模な自治体であれば全庁単位で難易度の調整を行うことが必要です。

解説

■ 自己評価は甘くなりがち

　通常の目標管理においては、図表19のように、「難易度設定」と「達成度の評価」をマトリックスで掛け合わせるような形で、期末の評価を行うことが一般的です。

　難易度が上位に設定されていると、少々達成度が低くても、評価点数は高くなるように設計されていることが多いので、難易度の調整は極めて重要な要素となってきます。

Chapter 2　評価シートの書き方

　人は誰しも、自分の仕事は大変だと考えたいし、また難しいこと
を成し遂げたと評価したいと考えてしまう傾向にあります。そのた
め、ついつい困難度が高いと位置づける傾向にあります。難易度設
定は目標管理において困難を伴う局面ですが、逃げるわけにはいき
ません。ある意味で、目標管理の「勘所」でもあります。

STEP
2

実践編

■　小規模であれば全庁的に議論する

　難易度の調整については、小規模な組織であれば、全庁的な難易
度調整の場をつくることが望ましいと考えられます。この難易度調
整の場には、各部門長が集まって、それぞれの部下が設定した難易
度について説明し、他部門の長がそれについて検討を加えていきま
す。「A課B係長は、○○の業務を困難度Sとしているが、それほど
困難な業務ではないのではないか」などと、互いに意見を出し合う
場面です。

　そのことによって、組織全体として、どの業務がどの程度困難で
あるかなどについての全体的把握も可能になってきます。

　目標管理の対象者が200名程度以内の組織であれば、このような
全庁的な調整機構を機能させることが可能でしょう。実際にそのよ
うな全庁的な難易度調整会議を実施している自治体も多くありま
す。

■　部門ごとの調整でもよい

　ただ、あまりにも大規模な組織であれば、全庁まとめての難易度
設定の場面は量的な困難を伴ってきます。この場合には、部門ごと
に難易度調整の場をつくることが考えられるでしょう。

　自治体によっては、難易度の高い目標について、イントラネット

99

で公開しているところもあります。これは、他の職員が難易度設定
をする場合の参考となりますので、望ましい情報開示だといえるで
しょう。

図表19 難易度と達成度の掛け合わせ例

区　分		難　易　度			
		s	a	b	c
達成度	T1	2.0	1.8	1.6	1.4
	T2	1.8	1.6	1.3	1.1
	T3	1.6	1.3	1.0	0.8
	T4	1.0	0.8	0.6	0.4
	T5	0.4	0.3	0.2	0.1

※難易度bにおける達成度T3（＝ほぼ達成基準どおり達成した）を標
　準として1.0に、目標未達成の場合は標準以下の評価に、難易度の高
　い目標はより高い評価となるように設定する。

Chapter 2 評価シートの書き方

Q10 組織目標と個人目標の統合

私の組織においては、組織目標と個人目標との統合という
プロセスがありませんが、これでよいのでしょうか？

STEP
2

実
践
編

A だめです。個人個人がバラバラの目標を設定してそ
れに基づいて期末の評価をするのであれば、組織全体
としてはバラバラの組織となってしまいます。組織目
標と個人目標との統合のプロセスは極めて重要です。

解説

■ 組織目標と個人目標が統合されないと…

実際に人事評価を導入したある自治体（A市）においては、それ
ぞれの被評価者が各自の考えだけで目標を設定し、その達成度を測
るものとしていました。設定時における上司との面談もなく、設定
時、評価時とも、全庁的な目標の統合というプロセスは見られませ
んでした。組織全体での活動の統合という、目標管理制度がそもそ
も持つ重要な側面（機能的側面）（図表6（42頁）参照）は無視され
ています。

A市では、各々が勝手に目標を設定し、その達成度が高ければ評
価点数が高く、低ければ評価点数が低くなります。このようなス
キームの下では、誰しも容易に達成できる目標を設定し、評価点数
を上げようとするインセンティブが働いてしまいます。

101

■ 目標を統合しないまま処遇へ反映させてしまい...

A市では、この制度によって勤勉手当に差異をつけ始めたため、職員はできるだけ達成しやすい目標ばかり出してくるようになりました。参加的側面のみを考え、人材育成のツールに徹する場合には、このような意識改革のツールとしての疑似目標管理も許されるかもしれません。しかしながら、それを給与等の処遇へ反映するというなら話は別になってきます。目標設定の段階での上位目標との調整、難易度の設定の調整などがあってはじめて、給与等の処遇への反映が正当化され得るのです。

各個人がバラバラに設定した目標の達成度に基づいて処遇への反映をしたのでは、システムそれ自体の信頼性が担保されません。A市の場合、評価結果は被評価者に通知されず、また評価者訓練もほとんどなされていませんでした。人事評価システムの本質、目標管理制度の本質を勉強しなかった人事担当者のせいで、間違った制度を導入してしまった悪例ということができるでしょう。

■ 全庁的な調整の仕組みが不可欠

A市では、その後、新しい首長が登場し、人事評価制度の抜本的見直しがなされ、現在では改善されています。

目標管理制度の本来の趣旨に照らして考えるならば、個々の職員が自由気ままに目標を立てて、それを評価し処遇に反映するというやり方が、いかに稚拙なものであるかがわかるでしょう。

仮に、勤勉手当に反映するなど処遇への反映を念頭に置くならば、目標設定の段階においても、また評価の段階においても、全庁的な目標の難易度設定、及び全庁的な達成度の評価についての調整が不可欠となってくるのです。

Chapter 2 評価シートの書き方

Q11　個人目標と上位目標との連結

個人目標は上位の組織目標にすべて完全に連結している必要があるのでしょうか？

STEP
2

実
践
編

A　組織目標と個人目標の統合が必要だと繰り返し述べてきましたが、すべての個人目標が上位の組織目標と連結しているわけではありません。実務現場で改善・解決する必要のある問題・課題の取組方向や、日常の業務活動中、特に重点化が必要なものを設定する場合もあります。

解説

■ 上位目標のブレイクダウンだけでは済まない

　目標管理の機能的側面を考えると、上位目標から下位目標へと、滝が流れ落ちるように「組織全体の目標」と「個々人の目標」とが連動していることが望ましいと考えられます。ただ、ここで陥りやすい罠は、「目標は連鎖するもの、だから職場の組織目標はすべて上位部門目標と結びついている」と擬制してしまうことです。

　上位部門の目標を受けてそれをブレイクダウンしていくことは極めて重要ですが、それだけで当該組織の目標となるわけではありません。実務の現場として改善を要するものや、解決すべき課題の取組方向を組織目標として設定したり、日常の業務活動の中で特に重点を置く必要があるものを設定したりすることもあります。

103

図表20　目標設定のイメージ図

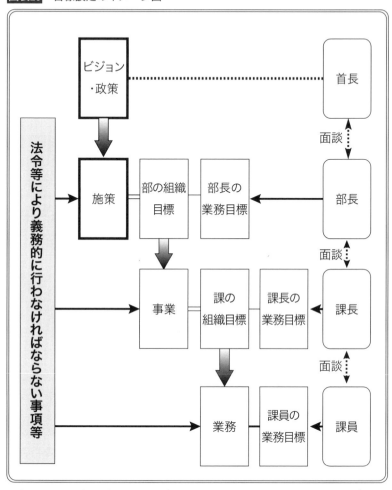

※上の図は、目標設定のイメージを提示しているが、目標の設定には、ブレイクダウンとして上位の目標を下位に展開していくものに、法令等により義務的に行わなければならない事項等を考慮する必要があることから、**庶務的業務を分掌する組織等においては、事務の維持管理や業務改善的な目標を設定することも可能**である。

（出典）第18次公能研報告書

Chapter 2 評価シートの書き方

■ 組織目標設定の３つの拠り所

①　上位部門の目標を受けてそれをブレイクダウンして設定するもの
②　実務の現場として改善を要するものや、解決しなければならない問題・課題の取組方向を設定するもの
③　日常の業務活動の中で、特に重点化して進める必要があるものを設定するもの

STEP
2

実
践
編

　これらをうまく組み合わせる形で目標設定を行っていく必要があるといえるでしょう。

COLUMN

目標のブレイクダウン

ブレイクダウンには２種類あると考えられます。

①　目標の分割

　これは上位（組織）目標を単純に分割して個人の目標に設定するという方法です。個人の目標も当然業績目標になります。

②　目標の分解

　これは、上位（組織）の目標を「達成するために何をしなければならないか」という観点に立ってそれを方法や手段に分解し、その一部を個人目標として割り当てるという方法です。
　例えば、徴収業務において徴収率を上げることを上位（組織）目標とした場合、それを達成するための手段として、催告、訪問、差し押さえなどを考え、その一部を被評価者に割り当てるという形で使われます。

目標のブレイクダウン（落とし込み）のポイント

　業績目標が個人の権限と責任の範囲で達成できる内容のときには、「目標の分割」によりブレイクダウンを行います。
　しかし、業績目標が個人の権限と責任の範囲で達成できない内容の場合は、「目標の分解」を行うことになります。

Q12 目標の連鎖の具体例

目標シートに記入する際に、課の目標等を念頭に置いて目標が連鎖することが必要だとされていますが、目標の連鎖の具体例にはどのようなものが挙げられますか？

解説

例えば、図表21のようなものが考えられます。

ここではまず、環境部長の業務目標①として、省エネルギーの推進が挙げられており、その具体的な方法として、「ゴミの減量化の推進」と「有価資源のリサイクルの推進」が挙げられています。その方法のそれぞれを、清掃管理課長の業務目標の①と②としています。課長の業務目標の②については、その達成方法として「リサイクル推進員の配置に係る制度の創設」が挙げられています。7月までに（「いつまでに」）、町内会の6割以上に（「どれだけ」「水準」）配置することを目標としています。

この課長の達成方法が、リサイクル推進係長の業務目標となっており、その達成方法として、「役割等の整理」「実施要綱の制定」「説明会の開催」などが掲げられております。

このように見ていくと、部長から係長まで、目標が連鎖していることがわかります。

106

Chapter 2 評価シートの書き方

図表21 環境部における目標連鎖の例

・環境部長

組織目標等	自然環境の保護 生活環境の保全 …		法的事務事項、分掌事務等	環境リサイクル法 環境基本条例 …	
	項目	どの水準まで	どのような方法で	いつまでに	…
業務目標①	省エネルギーの推進	処理場に搬入される一般廃棄物の総量を前年度比5%減にする	ゴミの減量化の推進	年度末	…
			有価資源のリサイクルの推進	年度末	
業務目標②	環境保全の推進		環境基本計画の策定	年度末	…

・環境部清掃管理課長

組織目標	ゴミの減量化 …		法的事務事項…	環境リサイクル法 …	
	項目	どの水準まで	どのような方法で	いつまでに	…
業務目標①	ゴミ減量化の推進	助成金の交付を年50件以上の交付を行う	ゴミ処理に係る助成制度の実施	年度末	…
			助成制度のPR	年度末	
業務目標②	有価資源のリサイクルの推進	町内会の6割以上にリサイクル推進員を配置する	リサイクル推進員の配置に係る制度の創設	7月	…
				9月	

・環境部清掃管理課リサイクル推進係長

組織目標	有価資源のリサイクルの推進 …		法的事務事項…	環境リサイクル法 …	
	項目	どの水準まで	どのような方法で	いつまでに	…
業務目標①	リサイクル推進員の配置に係る制度の創設	実施要綱を策定し、制度化を行う	リサイクル推進員の役割等の整理	6月末	…
			リサイクル推進員に係る実施要綱の制定	7月末	
			説明会の開催・配置の依頼	9月末	

（出典）第18次公能研報告書68頁

STEP
2

実践編

Chapter **3**

評 価 面 談 の 方 法

Q13 面談の重要性・心構え

部下との面談というのを経験したことがありません。どういう心構えで臨めばよいでしょうか？

A まず、何のために面談を行うのか、その趣旨を十分理解した上で、周到な準備をし、良好な話し合いの雰囲気をつくることを心がけてください。また、相手の話を「聴く」という姿勢が重要です。コーチングの心得が求められます。

解説

■ なぜ面談を行うのか

評価において、常に問題になるのが、「公正な評価」とはどのようなものなのか、またどうやったらできるのかということです。

「公正な評価」とは、結果だけを評価するものではありません。結果に至る経過も評価し、説明することで、納得できる評価につながります。「経過を話さず結果だけを伝える」のでは、被評価者は評価に対して納得できないだけではなく、何が足りないのか、今後どのようにすればよいかがわからないため、職員の成長につなげることができません。また、評価結果を今後の行動につなげるために

Chapter3 評価面談の方法

も、面談において被評価者の納得を得ることは、重要なことです。
このように、面談は重要な役割を担っています。

　人事評価を行う最大の目的は、評価した結果を今後の職員の能力
開発、人材育成につなげていくことにあります。したがって、とり
わけ評価結果についての面談においては、どのような点をどう改善
すれば、今後の業務に役立つか、そして職員のレベルアップに役立
つかを評価者と被評価者で話し合うことが1番重要なのです。

STEP
2

実
践
編

■ 面談を行う上での心構え

　面談では、被評価者とのコミュニケーションを通し、お互いの期
待や意思を話し合いすり合わせることが基本のスタンスです。それ
によって、被評価者の能力開発や目標達成に向けての意欲を高めて
いくことができます。

① 事前に十分な準備を行う

　目的・日時・場所など事前に被評価者と決めておきましょう。評
価シートや目標を確認し、良かった点や改善すべき点をあらかじめ
整理し、どのような話をするか考えておきましょう。

　被評価者が今どんな状況（仕事の負荷、心理、体調など）なのか、
できる限り把握しておくことも大切です。

② 被評価者と話し合う雰囲気をつくる

　日頃の仕事ぶりや頑張っているところに目を向け、労をねぎらう
ことから始めるとよいでしょう。お互いのために話し合うのが目的
で、何でも話せる場だということを伝え、被評価者が話しやすい雰
囲気づくりを心がけましょう。

109

③　被評価者の話を「聴く」ことを心がける

　被評価者の意見や考えを十分に「聴く」ことには、2つの効果があります。1つ目は聴いてもらえていると感じることで面談への納得性が増すということです。2つ目は被評価者に話させるということにより、被評価者が自分で考える機会を提供するということです。面談は、評価者の側から一方的に話をしたり、命令したりする場所ではありません。被評価者に主体的に考えさせ、話し合いの中から「自らの責任で決めた」と思わせることが大切です。そのことが、モチベーションの向上につながりますし、自主的で責任ある行動を促します。そのため、被評価者自身の結論を引き出すことが大切です。

COLUMN ....

コーチングとは

　コーチングとは、個人が持つ意欲や潜在能力、可能性を最大限に引き出そうとする指導・育成方法です。

　育成対象者を勇気づけ、質問型のコミュニケーションによって自己の気づきを引き出し、本人の主体的な取組を通じて能力の開発向上を図るところに大きな特徴があります。つまり、コーチングは、あくまでも学ぶ側が主体であり、教える側はそれを支援するという立場をとっています。

　一方、「教える」とはティーチングであり、「必要な知識やスキルやノウハウを教え、授ける」といった教える側が主体の考え方です。ただし、実際の指導育成場面では、経験や習熟度、学習スタイルなど育成対象者の状況に合わせてティーチングとコーチングを組み合わせながら実施することが大切です。

....

Chapter3 評価面談の方法

Q14 面談開始前の準備

面談を始めるに当たって、どのような準備が必要でしょうか？

STEP
2

実
践
編

解説

■ まずスケジュールを組む

面談のためのスケジュールを組むことで、評価者にとってはそれが実行すべき仕事となり、評価者の面談への姿勢を示すことになります。

被評価者も、あらかじめスケジュールを示されることによって、面談に臨む心構えができます。このような細かい配慮も、面談を成功に導く1つの要因となります。

■ 対話に集中できる面談場所を選ぶ

面談場所は重要な要素です。話し合う内容の性質上、対話に集中できる場所を選ぶ必要があります。

また、場所の検討と併せて、スケジュールや時間のとり方についても、被評価者によって差をつけないようにします。評価者からすれば大した問題ではなくても、被評価者はそのような評価者の取扱いに不公平感を抱く可能性があります。

■ 面談で事前に準備すべきもの

事務分担表、OJT計画書、行動観察記録（育成シート）、評価シー

111

トなどを用意しましょう。ただし、書類やデータによっては、目の前に広げて対話することが望ましくないものもあります。重要なデータは、面談に入る前に頭に入れておくことが必要です。

■ 所要時間は最低でも15〜30分

面談にどのくらいの時間をかけるかは、日頃のコミュニケーションや職務の内容によって変わってきます。目安として、最低15分から30分程度は行うようにしましょう。

■ 面談のポジション取りも重要

評価者と被評価者の座る位置が微妙な影響を与えます。

斜めに座るのは、相手との親近感をつくるのに適したポジションといわれています。真正面に向きあって座るのは相手に心理的緊張感や圧迫感を与えて、なかなか打ちとけられないポジションです。斜めに座る、あるいは隣に座るのが望ましいポジションといえます。

■ オンラインの面談

対面で行うことが困難な場合でも、ウェブ会議ツール等を活用して面談を行うこともできます。ただし、その場合でも、指導・助言等を円滑かつ適切に行うためには表情や身振り手振りも含めたコミュニケーションが重要であることから、原則、オンラインでも映像及び音声が入った形での面談を行う必要があります。

また、オンラインで行う場合であっても、評価者・被評価者双方の環境（面談の内容が周囲に聞こえないよう対面での面談と同様、静かな場所を確保する等）に留意する必要があります。

Chapter 3 評価面談の方法

Q15 面談の進め方

面談は、具体的にはどのように進めていけばよいのでしょうか？

STEP
2

実践編

A どの段階の面談においても、ステップは共通です。手順を理解しましょう。また、どのような座り方をするか、どのような場所で行うかということもかなり重要になります。なお、日常の業務指導の場ではありませんので、その点区別が必要です。

解説

目標管理のプロセスにおけるどの段階の面談においても、次のようなステップは共通です。

① 雰囲気づくりと面談の目的・進め方の説明
② 部下に自分の考えを説明させる
③ 上司としての考えや期待を話す
④ お互いの話し合いのもとに内容や方法を決める
⑤ 話し合いの内容を確認し励ましの言葉をかける

■ 面談の位置が与えるメッセージとは

まず、面談の際の環境整備が重要です。細かい点ですが、上司と部下が物理的にどのような形で向き合うのかは、面談の内容に微妙

113

な影響を与えます。

　向かい合って（間に何も置かずに）座るのは、互いに気まずい感じで居心地が悪いかもしれません（イラストの①）。正面で対面するのは緊張度が高まります。対面しつつ間に机を挟むと、多少は緊張が緩和されるものの、「交渉」「対決」のイメージが強く、あまり友好的とはとらえにくいでしょう。

　これに対して、机を置きながら90度の角度で上司と部下が面談する形をとると、比較的話がしやすくなります（イラストの②）。テレビの対談番組でしばしばとられる構図です。「あなたの意見を十分

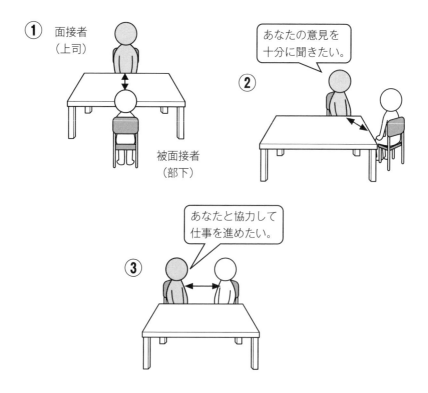

聞きたい」という暗黙の雰囲気が形成されていきます。

さらに、机の同じ側面で椅子の向きをやや内側に向け、カタカナの「ハ」の字の形で座るのも面談に適した位置関係と考えられます（イラストの③）。打ち明け話を、飲み屋のカウンター席で行う場合が多いことを想起してください。この場合には、「あなたと協力して仕事を進めたい」というメッセージが送られることになります。

■ 面談は日常の業務指導ではない

評価面談を、上司から部下への説教の場であると勘違いしている管理職が比較的多く見られます。でもこれは、評価面談の趣旨を踏まえないもので正しいとはいえません。仕事の細かい指示や指導は日々の業務の中で行うべきです。

評価面談は業務内容や仕事の進め方について改めて振り返る千載一遇のチャンスですので、日々の業務指導に終わっていては時間がもったいないと考えられます。

面談の前には、重点的に話し合うべき事項を整理しておくとともに、どのように進めるかについてのシミュレーションをしておくことも必要でしょう。行き当たりばったりの面談では、十分な効果は望めないと思います。

フィードバックのための面談ではなおさらのことです。人材育成と本人の納得性という観点からどのような開示方法が望ましいのか、各自治体で面談マニュアルを作成することも必要でしょう。

Q16 ## 期首面談の進め方

評価期間のはじめに期首面談を行うことになっています
が、どういう意義があるのでしょうか？また、どのように
進めればよいのでしょうか？

A 　目標の設定が正しく行われているか、組織の目標と
同じ方向を向いているかなどについて、上司と部下と
の間で確認を行うのが「期首面談」の第1の目的で
す。ここで、明確な目標を互いの納得の上でつくっておくこと
が、その後の目標管理にとって重要なポイントとなります。

解説

■ ゴールを確認し、共有することが期首面談の目的

　期首面談では、評価シートを参照しながら、被評価者の役割や責
任に相応しい目標設定がなされているかどうか確認を行います。

　人事評価は、「こうあってほしい」という期待と現状とのギャッ
プを、組織の定める基準で評価するものです。したがって、目標・
役割などが定まっていなければ、いくら評価基準がしっかりしてい
ても被評価者の育成につながりにくくなります。

　期首面談は、評価者と被評価者の意識を一致させる共同作業で
す。そのため、「評価者と被評価者があらかじめゴールを確認し合
い、共有する」という前提によって、その納得性が高まります。

Chapter 3 評価面談の方法

　期首に目標を明確にしなかったために、被評価者の納得性が得られない評価結果となるケースは少なくありません。人事評価の評価結果を納得性の高いものにするには、期首に被評価者に対して評価の対象となる担当業務、役割、目標、能力などを定め、具体的に示すことが必要です。

STEP
2

実
践
編

■ 期首面談の流れ

　期首面談では、今後の目標設定等が重要な内容となりますので、下記のような流れで進めていくのがよいでしょう。

---

① 　はじめに（アイスブレイク）
② 　面談の目的を話す
③ 　自己目標の確認
④ 　目標内容のすり合わせ
⑤ 　目標の達成方法の確認
⑥ 　最終確認

　期首面談は、組織や各職員の「これから」を考える重要な場面であり、今後の能力開発課題や目標としての重点的な取組事項、目標に対する認識の違いやズレを調整する場でもあります。また、コミュニケーションを通じて、お互いの認識の共有化を図るとともに、被評価者の動機づけを行うことも目的の1つです。

　期首面談をスムーズに行うため、「期首面談シナリオシート」を参考に、評価者として話す内容や被評価者への対応などを整理しておきましょう。

117

図表22 期首面談シナリオシート

項目	内容	話の例
はじめに（アイスブレイク）	労をねぎらい、話しやすい雰囲気を作るため、軽い話題から入る。（最近の仕事、趣味、家族など）	・どうもお疲れ様、昨日も遅くまで頑張っていたね。X業務はどんな調子かな。 ・いつも遅くまで頑張っているね。今のところ何か問題点があるかい。学生時代やっていたサッカーは最近やっているかい。
面談の目的を話す	面談の目的を確認する。	・この面談は今後のあなたの目標や役割について、お互いに確認しようということが目的なんだよ。
自己目標の確認	経営方針・総合計画など上位（組織）部門の確認 （事前に説明しておいて、ここでは簡単に）被評価者の目標を聞く。	・先日、ミーティングで所属の目標と方針について説明したのだけれど、覚えているかい。重点目標が3つあったのだが…。 ・個人別に事務分担と期待する役割についても話をしてくれないかい。 ・それじゃ、あなたの今年度の目標を教えてくれないかい。その目標を設定した理由と内容をね。 　—途中で反論せず、最後まで聞く。積極的傾聴— ・「なるほど」「そうだね」などの相づちを入れる。
目標内容のすりあわせ（意見交換）	それぞれの目標について内容と目標レベルを確認する。 評価者の期待と違う場合は、妥当な目標に修正するよう誘導する。	**評価者の期待と同じ場合** ・この目標はいい目標だね。内容もレベルも私の期待通りだよ。後はどうやって達成するかだけれども、後で対策を考えよう。 **評価者の期待よりも目標レベルが低い場合** ・なかなか堅実な目標だね。かなり自信がありそうだけど対策のほうもちょっと教えてくれないかな。なるほど、そ

項目	内容	話の例
目標内容の すりあわせ （意見交換）	場合によっては、達成方法の話し合いもここで行う。	れからこのような方法も付加できるけれどうかな。そうすればもっと上のレベルをねらえると思うけれど、どうだろう。 ・この目標は所属にとっても、組織にとっても、とても大事な目標だ。ぜひあなたにやってもらいたいと思って要望したのだが、どうだろう。このレベルまで何とかならないかい。私も支援するし、あなたの実力なら十分達成できると思うよ。 **評価者の期待より高すぎる場合** ・すごい目標だね。あなたの意欲を感じるよ。ところで、これだけの目標であれば、何かとっておきの秘策があると思うのだけれども、教えてくれないかい。 （ある場合） なるほど、そういう手があったか、うん確かによい方法だ。かなり高い目標だと思ったけれど、そういう方法をとれば十分達成できそうだ。ぜひ頑張ってくれ、期待しているよ。 （ない場合） その方法は今までの方法と変わらないね。そのやり方で、このレベルまではとても厳しいのではないかなぁ。 意気込みは分かるけれど、もう少し現実的なレベルで確実に達成するようにしようよ。 **評価者の期待した目標が入っていない場合** ・それからぜひあなたには「この業務」も

項目	内容	話の例
		取り組んで欲しいと思っているのだけれども、どうだろう。確かに忙しいのはよくわかるけど、あなたの成長のためにもぜひ取り組んで欲しいね。
目標の達成方法の確認	目標項目と目標レベルが決まったら、それぞれの目標の優先順位と難易度の確認を行う。目標達成のための方法や対策を話し合う。支援内容についての確認も行う。	・これで目標が決まったけれど、それぞれの目標の重要度と達成にかかる時間から優先順位をきめるとどうなるだろう。私は重要度からいうとこういう順位になると思うが。あなたはどう思う。 ・難易度については、確かに難しい目標もあるが、あなたの役職や経験と比較すると達成できると思うのだけど、あなたはどう思う。 ・それではもう少し詳しく達成方法について考えてみよう。あなたの考えはどうだい。 ・課題や要因は何か考えられるかな。今のうちに対策を考えておこうね。 ・目標を達成するためには私はこういった支援体制を考えているよ。
最終確認	目標の修正があれば修正し、最終確認をする。話し残したことはないか確認し、応援するということを付け加えて、激励する。	・これで今年度の目標が決まったね。この目標で業務をすすめてくれるかな。 ・これで面談は終了ということにしよう。最後に、この機会に話しておきたいことはあるかい。なければ、大変いい目標を設定してもらったので、ぜひ達成できるように頑張って欲しい。私も応援するから、何かあったらいつでも相談にのるよ。それじゃ、頑張ろう！

（引用）マッセOSAKA作成・e-ラーニング教材「人事評価ラーニングⅡ」テキストより（マッセOSAKA/同人事評価研究会作成、指導助言者・稲継裕昭）

Chapter3 評価面談の方法

Q17 中間面談の進め方

評価期間の中間で行う面談とは、どのようなものなので
しょうか？

STEP
2

A 　「中間面談」では、目標期間の途中において、その
達成状況を見るとともに、目標をとりまく外的要因の
大きな変化があった場合には、目標そのものの修正も
視野に入れた指導助言を行います。

実
践
編

解説

■ 目標達成に向けた指導助言をするのが中間面談

　中間面談は、振り返りを行い、達成状況について中間評価を行う
場です。

　評価者と被評価者が、これまでの目標達成、状況について話し合
い、評価者はこの時点での評価及び年度内の取組に向けた指導助言
を行いましょう。

　前期の業務内容を踏まえ、期末までに改善すべき点などを被評価
者に伝え、業務の修正を行う貴重な機会です。中間面談を実施して
いない場合には、日々のコミュニケーションを充実させることで正
しい評価につなげましょう。

121

■ 中間面談の内容

中間面談は、前期の業務内容を踏まえ、期末までに改善すべき点などを被評価者に伝え、業務の修正を行う貴重な機会です。

中間面談で話し合う項目は、次の項目です。

① 目標の進捗状況
② 目標達成に向けての問題点へのアドバイス
③ 業務に関する意見交換
④ 被評価者（又は評価者）へ要望事項を伝える

■ 中間面談の流れ

中間面談では、期末までの目標達成状況の確認が重要な内容となります。下記のような流れで進めるのがよいでしょう。

① はじめに（アイスブレイク）
② 面談の目的を話す
③ 前期業務の振り返り
④ 評価を伝える
⑤ 評価の一致点やズレについて話し合う
⑥ 期末までの課題を明らかにする

被評価者は、目標達成に向けて取り組んだ内容及びそれに対する自己評価について、評価者に説明します。評価者は、被評価者の取組の中で、まず「優れている点」を取り上げ、次に「改善すべき点」について話をします。

取組が「目標を上回った」あるいは「目標を下回った」場合は、その原因分析を中心に話し合いを行います。

「優れている点」をさらに伸ばすため、また「努力を要する点」を改善するためには、どうすればよいかを話し合い、日々の指導育

成に役立てましょう。

■ 評価期間中に設定目標の変更や再設定が必要となる場合

変更や再設定が必要となるのは、次のような場合です。

① 人事異動などで業務内容が大きく変わる場合
② 昇任・昇格し、上位職に相応しい目標への再設定が求められる場合
③ 組織上の重大な方針転換が行われた場合

各自治体で、目標の変更再設定の方法について、十分ルールを検討し明確化しておくとよいでしょう。その場合、面談は速やかに行うことが、納得性を高めるためにも必要です。

Q18 期末面談の進め方

期末の面談において留意する必要があるのは、どのような
ことでしょうか？

A 「期末面談」は、評価結果を伝え、被評価者が自ら
を振り返るためのものです。また、今後の課題を明確
にし、育成につなげる場でもあります。評価者と被評
価者の対話を通じて、意識向上や成長につながるようなコミュニ
ケーションをとることが必要です。

解説

■ 期末面談の意義について

期末面談は、評価結果を伝え、被評価者が自らを振り返り、今後
の課題を明確にし、育成につなげる場です。

人事評価の結果は、組織と職員の成長を促し、能力開発を効果的
に進めるために用います。そのためには、期末面談での評価者と被
評価者の対話を通じて、意識向上や成長につながるようなコミュニ
ケーションをとることが必要です。

対話を通して、良かった点や改善点を共有し、今後の目標やその
方策を検討します。被評価者にとっては、自分の職務上のキャリア
形成を考える節目の場となります。

124

Chapter 3 評価面談の方法

■ 期末面談の内容

期末面談では、フィードバック、振り返りが主な内容となります。最低15分から30分程度は行いましょう。

期末面談で話し合う項目は、次の項目です。

---

① 人事評価結果を伝える
② 評価シートに基づき、良かった点、改善すべき点を伝える
③ 今後の課題を確認する
④ 日常業務に関する意見交換をする
⑤ 被評価者（又は評価者）への要望事項を伝える

■ 期末面談の流れ

期末面談は、基本的に下記のような流れで進めていくのがよいでしょう。

---

① はじめに（アイスブレイク）
② 面接の目的を話す
③ 業務の振り返り
④ 被評価者の自己評価
⑤ 評価を伝える
⑥ 評価の一致点やズレについて話し合う
⑦ 今後の課題を明らかにする

期首に設定した目標が評価期間内でどれだけ達成されたかを話し合います。そのため、期首における目標設定が不可欠になるのです。期末面談をスムーズに行うために、期末面談シナリオシート（図表23）や期末面談準備カード（図表24）を参考にして、話すべき内容や被評価者への対応などを整理しておきましょう。

図表23 期末面談シナリオシート

項目	内容	話の例
はじめに（アイスブレイク）	話しやすい雰囲気を作るため、軽い話題から入る。趣味、家族など特徴的なことがあればそのことも。	・この前出場したマラソン大会はどうだった？ ・お子さんは元気かい。来年は小学生かな。
面談の目的を話す	面談の目的を確認する。	・今回の面談は今年度の仕事の達成状況と今後の目標を確認しようということが目的なんだよ。
業務の振り返り	評価期間内での業務を振り返る。	・今年１年間Ｘ業務を担当してどうだった？
被評価者の自己評価	評価者の自己評価を聞く。	・それじゃ、君の自己評価を教えてくれないかい。目標の達成状況はどうだろう。 ―途中で反論せず、最後まで聞く。積極的傾聴―
評価を伝える（意見交換）	評価者の評価を伝える。客観的に事実を示しながら説明する。 被評価者の自己評価と違う場合は、まず、なぜそのように評価したのかについて聞き、その後、評価者の考えを述べ理解を求める。	**評価者と被評価者の評価が同じ場合** ・私も同感だよ。あなたの自己評価と同じＡと評価したよ。本当によく頑張ってくれたね。 ・私も同感だよ。あなたの自己評価と同じＢと評価したよ。○○までやってくれるとＡと評価できたのだが、それでも厳しい環境の中でよく頑張ったよ。 ・そうだね。あと少しだったんだけれどね。本当に一所懸命やってくれたのだが結果を見るとＣと判断せざるを得ないね。 **被評価者の評価と違う場合** ・そうかい、この件に関してはもっと高く評価してもよいと思うよ。これだけやったのだから、客観的に事実をみる

項目	内容	話の例
		とやはりＡ（Ｂ）でいいのではないかな。 ・なるほど、この件に関しては、ちょっと私の考えとは違うようだね。なぜそのように評価したのかもう少し詳しく説明してくれないかい。 （説明を聞いたうえで） 　確かにあなたの考えもわかるが、「業績評価はありのままにみる」という原則があるんだ。途中、アンラッキーがあったり、結果を判断するというのが業績評価（目標管理）なんだよ。でも意欲や努力は他の項目で評価しているからね。
評価の一致点やズレについて話し合う	仕事がうまくいった理由や、うまくいかなかった原因を考えさせる。 成功要因・失敗要因を確認し育成項目をピックアップする。	・ところでＸ業務がうまくいったのは、どこがよかったと思う。 （説明を聞いたうえで） 　そうだね、私もそう思うよ。ほかにも、○○の点もよかったのではないかな。Ｘ業務は今後の仕事でも活用できるので、整理していつでも活用できるようにしておいて欲しいな。 ・ところでＸ業務がうまくいかなかったのは、どこに原因があると思う。努力はしていたと思うのだけれども。 （説明を聞いたうえで） 　そうだね、私もそう思うよ。それでは改善するためにはどうすればいいと思う。今後の目標の一つにしたいと思うのだけれども。
	その他、行動面や勤務態度等で反省点がないか確認する。行動面や勤務態度等で	・仕事の結果については、だいたい確認ができたけれど、ほかにも、行動面や勤務態度などで反省点や、気づいた点はないかい。

項目	内容	話の例
	マイナスの行動があればここでもう一度注意する。「～～してくれればよかったな」ではなく、「～～していこう」という風に肯定的表現にする。問題点が大きければ育成項目に上げる。行動面や勤務態度等でよい行動があった場合はここでほめる。	―途中で反論せず、最後まで聞く。積極的傾聴― ・例の会議に2度ほど遅れてきたことがあったね。もっと早く来るようにしようね。決められた時間は守らないとね。 ・Bさんからの応援要請を再三断っていたようだけれど、あなたも忙しいのはわかるけどみんなで協力することは大切だよ。 ・Z業務では遅くまで頑張ってくれて、本当に努力していたね。また忙しい中、Oさんの応援を熱心にやってくれて、本当に助かったよ。ありがとう。 ・色々改善案を出してくれて、助かったよ。今後も一緒に職場を改善していこうね。
今後の課題を明らかにする	能力評価のマイナス点、またはプラス点でもっと伸ばしたい項目を育成項目としてあげ、確認する。話し残したことはないか確認し、応援するということを付け加えて、激励する。	・それでは今後の目標として「○○」に取り組む、「××」を改善するということでいいね。今後どのように進めていくかは、あなたの考えを聞かせてくれないかな。 ・これで面談は終わることにしよう。この機会に話し残したことはないかい。来年度も引き続きがんばろうね。

（引用）図表22に同じ

Chapter 3 評価面談の方法

図表24 期末面談準備カード

被評価者（氏名）_____

項目	内容	具体例
①はじめに 　（アイスブレイク）	趣味、家族、季節	
②評価の一致点やズレ 　について話し合う	注意すべき点	
	ほめるべき点	
③今後の課題を明らか 　にする	来年度に向けて	

STEP
2

実
践
編

・**今後の目標について**

育成すべき点から目標を決め、評価者としての素案を作成する。

何を （育成目標項目）	何時まで、どのレベルまで （目標水準）	どのようにして （育成方法）
（例）公会計に関する知 　　識を身につけるため	（例）決算事務を実施するま 　　でに	（例）簿記（2級）の資格 　　をとる

129

Q19　よりよい面談を行うためには

面談を進める上で注意すべき点を教えてください。

解説

面談を進める上で注意すべき項目について確認しましょう。

■ 表面的な議論はしない

評価者から問題の改善案などを提示する場合は具体的に発言するようにします。準備が不十分だと「もう少し気をつけてくれないか」というような曖昧な発言になってしまい、問題の解決になりません。

■ 被評価者の意見を聞かずに一方的な話をしない

被評価者から不満や疑問が出されているのに無視して面談を進めることや、こちらの意見を押し付けるようなことは逆効果となります。まずはその不満を聞いてみることで、その後の話し合いが円滑に進みます。

■ 脅しの言葉を使わない

被評価者に対して問題点を感じても、「そんなことでは安心して任せておけない」というような脅しの言葉は使っていけません。常に合理的な言葉を準備して、被評価者を納得させるようにしましょう。

Chapter3 評価面談の方法

■ 交換条件を出しての取引をしない

「この条件を受けてくれるなら、君のやりたい業務を担当させて
あげる」といった取引をしてはいけません。被評価者は、次回以降
の面談でも取引を期待してしまうので、公正な面談ができなくなり
ます。

■ 本質から外れるところで説得しない

たとえ答えに困っても、本質から外れた思いつきの発言や他の
テーマに話題をそらすなど、その場しのぎの言い逃れをしてはいけ
ません。

■ 被評価者の機嫌をとるために自分の意見を変えない

面談の中で評価者の意見が変わってしまうと、被評価者が不信感
を持つおそれがあります。事前に被評価者がどのような考えを持っ
ているのかチェックした上で、自分の考えを整理しておくことが必
要です。

■ 最後まで自分の責任で進める

他人の責任にして、その場を逃れることをしてはいけません。被
評価者の仕事に対しては、自分の責任ということで、話を進めるよ
うにしましょう。

■ 被評価者を侮辱するような言葉は使わない

被評価者の問題を指摘する際に、「君は以前は優秀だったけど、
今では衰えてしまったね」などというように、相手のプライドや人
格を傷つけるような言葉を使ってはいけません。面談のテーマは、

STEP
2

実践編

131

被評価者の人格ではないのです。問題を指摘するだけではなく、どうしたらその問題が解決できるのか、建設的な話し合いをしましょう。

■ 自信がなく、落ち込みがちな被評価者を励ますと逆効果

面談では被評価者の悩みを聞くこともあります。そんなとき、力づけようとして自信のない相手を励ますことは、時に逆効果となります。被評価者が「自信がなく、不安である」ということを伝えたいのに、根拠もなく励ますことは、その意見を受け入れていないことになるので、被評価者は「この人は自分のことを理解しようとしていない」と不信感を持つおそれがあります。

これらの項目に注意して、面談に臨みましょう。

また、面談終了後は「面談自己チェックシート」などを参考にし、自らの発言や態度について振り返るきっかけにしましょう。

Chapter 3 評価面談の方法

Q20 評価結果の開示範囲

評価結果はどの程度開示すべきなのでしょうか？

STEP
2

実
践
編

A この問題は、各組織における人事評価制度の成熟度などによってさまざまな対応が考えられるので、一律の回答を示すことは困難です。ただし、被評価者の人材育成という観点や納得性という観点からは、何らかのフィードバック開示が必要なことは疑いの余地がありません。

解説

■ 開示内容は団体によりさまざま

被評価者自身が希望しない場合を除き、面談を通じて評価結果のフィードバックを行うことが基本です。これは、職員の行動を変えるという人事評価の本来の目的からきています。職員の納得を得るためにも必要です（Q5（17頁）参照）。

評価結果について、どの範囲での開示を行うかは、組織によってかなり異なります。

国家公務員の人事評価においては、次のようにされています。

評価結果の開示は、能力評価・業績評価のそれぞれについて確定した評価結果を概括的に表示する評語（全体評語）を含むものでなければならない。ただし、全体評語の開示を希望しない者、警察職員等についてはこの限りでない。なお、能力評価又は業績評価の全

133

体評語が標準を下回る（下位評価）者については、その全体評語を
開示しなければならない。

　自治体の場合もさまざまで、次のような例があります。

（開示内容）
・人材育成の観点から、評語のみでなく評価シートを含めて開示
・評価者の負担を考慮し、原則評語のみを開示し、希望者には全開
　示
・評語そのものの直接的開示は行わず、評価結果の概況と今後改善
　すべき点に関する適切なコメントと助言を実施
（開示方法）
・面談時又は通知で全職員に開示
・希望者が人事課まで申請後、開示
・評価結果が下位評価の職員に対して開示

（出典）評価結果開示の例―活用研報告書より

　それぞれの自治体における人事評価の成熟度に応じて、また、組
織文化に応じて、開示の範囲、内容と、開示方法について検討する
ことが必要だと考えられます。

■ モチベーション向上のための助言・指導が大切

　フィードバック面談においては、単に評価結果自体を被評価者に
開示するのみならず、きめ細かな面談を通じて、具体的な改善点を
助言・指導しながら、被評価者のやる気・動機づけをさらに引き出
すことが大きな目的です。
　特に、評価結果が標準未満の場合（下位区分又は最下位区分）は、
面談を通じて評価結果をフィードバックし、改善に向けた助言・指
導を行うべきと考えられます。

Chapter 3　評価面談の方法

Q21　評価結果をフィードバックする際の留意点

評価面談で、人事評価結果を本人にフィードバックする際の留意点は何でしょうか？

STEP
2

実
践
編

A　評価結果の本人へのフィードバックは、人材育成の観点からは必要であるものの、開示の仕方によっては、さまざまな問題を起こす可能性もあります。十分なコミュニケーション時間を確保するとともに、フィードバックのための準備が必要です。

解説

■ コミュニケーションを行う十分な時間と準備が必要

　自学を促し本人の能力開発を行うためには、評価結果の本人開示が必要です。しかし、開示の仕方によっては、かえって本人に不満を持たせる原因となったり、評価制度に対する信頼を失わせたりしてしまう危険性もあります。そのため、管理職による部下へのフィードバックは周到な準備をして，相当注意して行う必要がありますし、そのような能力を持った管理職である必要があります。

　評価結果のフィードバックは上司と部下の重要なコミュニケーションツールでもあります。しかし、通常、上司はフィードバック面談を大きな負担として感じており、仕事が忙しいことを理由にして部下との面談を先送りすることが多く見られます。部下と面談す

135

るのが怖い、面談で何を話したらよいかわからない、などの悩みが
背景にあるでしょう。

　面談を実際にどのように進めればよいのか、現場では困惑して受
け止められていることが多くあります。マニュアルを作成するとと
もに、それに基づいて評価者研修を実施することが必要になってく
るでしょう。

■ 国の面談ガイドライン

　内閣人事局では「面談ガイドライン～面談の場を充実させるため
の具体的に行うこと～」を作成しています。

　期首面談、期中、期末面談において、「行うこと」「ポイント」
「会話例」が掲載されています。

　おおむねQ16～18（116～129頁）上で解説した内容と同様ですが、
興味のある方はウェブページから参照してください。

https://www.cas.go.jp/jp/gaiyou/jimu/jinjikyoku/files/r0406_guideline.pdf

Chapter 3 評価面談の方法

Q22 評価面談を確実に行うためには

職場によって、評価面談を真剣に行っているところと、そうでないところとがあるようです。この点をどう考えればよいでしょうか？

STEP
2

実践編

A 　人事課がすべてを把握することは、一定規模以上の組織では困難となってきます。口裏を合わせて面談実施済みとの回答を出されればなすすべがないからです。

しかし、360度評価の項目に挙げるなど、工夫の余地は考えられます。

解説

■ 評価面談の実態は人事担当にはわかりにくい

何度も指摘しているように、評価面談は、極めて重要なコミュニケーションツールです。しかしながら、各所属の現場では、それが等閑視されている実態も稀に見られます。忙しい、部下との改めての面談は照れくさい、部下に嫌われたくない、などさまざまな理由からきていると考えられます。

人事担当セクションが、現場で人事評価面談がどのように行われているのか（「評価面談の実態」）を把握するのは、実はかなり困難です。情報は現場にしかないからです。人事担当セクションは、各所属に対して、評価面談がどのように行われ、何分くらい行われた

137

かを調査することも必要でしょう。

■ 360度評価の項目に挙げるのもよい

そこで、360度評価法を実施し、その項目の１つとして、「評価面談がどのように行われたのか」を部下から上司（課長）の上司（部長）、あるいは、人事担当セクションに情報を収集するような仕組みを導入するのも１つの方法です。

評価項目がわかりやすいものであれば、上司（課長）の評価面談の適切さがかなりの程度、相対化されます。その結果を上司（課長）にフィードバックする仕組みをとると、評価面談も充実したものになるでしょう。

■ 改めて評価面談の重要性を再認識すること

評価者としては、これまで述べてきた評価面談の重要性をぜひ再認識していただきたいと思います。組織のパフォーマンスを上げるためにはどうすればよいか。個々の職員のモチベーションを上げて、所属のパフォーマンスを上げるにはどうすればよいか。そのために、何ができるか、を考えてみてください。評価面談により、適切な目標が設定され、進行管理が行われ、そして被評価者へフィードバックされることがいかに重要か、そのための評価面談がいかに大切かという点が了解されるはずです。

管理監督者として、評価面談は人的資源管理の重要な側面であることをぜひ肝に銘じてください。

Chapter 4 例外ケースへの対応

Chapter **4**

例外ケースへの対応

Q23 部下が専門職の場合の評価

STEP **2**

実
践
編

私は事務職の管理職ですが、部下は大部分が専門職です。
私のような者が、専門職の専門性をどのように評価すれば
よいのでしょうか？

A 　質問のような状況は比較的多く起こります。その
際、上司は部下の専門性の深いところについて判定
できないことを前提とした工夫が必要になります。
自治体業務全体の中で当該業務がどのように位置づけられるの
か、貢献度はどれくらいなのかを、部下に説明することが必要で
しょう。

📚 解説

■ 専門的業務であっても把握は可能

　公務部門では、部下が資格職・専門職であるのに、上司が事務職
である職場もかなりの程度存在します。このような場合、上司はど
のように対応すればよいのでしょうか。

　その場合、上司は部下の専門性の深いところは判定できないこと
を前提として、工夫をすることが必要になってきます。専門性の深
い部分は判定できないといっても、どのような業務内容であるの

139

か、それは市民にどのような影響を及ぼす業務なのかは、管理監督者としては把握できているはずです。自治体の業務の中に、当該業務も位置づけられているために、全体としての意味づけを理解することは不可欠だからです。

■ 自治体の目的への貢献度を測る

そうすると、第1に、部下のテーマ領域の当該部門における位置づけを明確にすることが必要になってきます。上司の立場としては、部下の仕事内容の詳細よりも、部下のテーマ領域が当該部門の業務全体の中でどのような意味を持つかということを明確にすることの方が重要だと考えられます。

したがって、部下のテーマ領域の専門的内容について論じるというのではなく、そのことが当該部門の業務を向上させる上でどのような意味があるのか、ひいては市民サービスの向上という自治体の最終目的にどのように貢献するのかという点に焦点を当てて、それを明確にするという方向で指導することが肝要です。

■ 部下にきちんと説明させることも重要

第2に、内容が（上司に）わかるまで、部下に説明させるという必要もあります。

部下の設定した目標の内容の専門性が高く、その理解が難しい場合は、部下に対して上司である自分が理解できるように説明させることが必要です。目標レベルの選択肢を部下に用意させるのも1つの手法だと考えられます。

もし、部下の説明が理解できなければ、何度でも説明させてみましょう。市民が聞いても理解できるように説明させることがポイン

トとなるでしょう。市民の税金で業務を遂行している以上、当該業務の内容は、市民やその代表者である首長や議会議員に理解してもらう必要があります。

　また、専門性を理解できる監督者や、そのテーマ領域に詳しい専門家に意見を求めることも考えられます。さらには、ベンチマーキング手法を用いて他自治体と比較するなど、さまざまな工夫が講じられるべきでしょう。

Q24 管理能力のない上司と評価

新しい人事評価制度を導入しようとすると、我々管理職の仕事が山のように増えてしまって、とても対応できません。評価結果のフィードバックをやるのもつらいし…。うちの課は外してもらえませんか？

A 新しく人事評価制度を導入しようとすると、上のような声は必ずといってよいほど出てきます。しかし、そもそも管理職たるもの、部下のマネジメントが業務の重要な割合を占めているはずです。上のような声の主は、「私はマネジメントができません」と白状しているようなものです。部下の管理育成ができない人は、管理職から降格させるくらいでないとだめでしょう。

解説

■ 目標管理は管理職としてそもそもやっておくべきこと

対応できないという管理職は、自分の仕事を自覚していないと評価されてもやむを得ないと考えられます。人事評価制度、とりわけ目標管理が導入されると、業務負担が多くなるという意識を多くの管理職が有しています。しかし、制度があろうとなかろうと、管理職として組織目標は立てている「はず」ですし、それを達成するための計画も立てている「はず」です。これは組織マネジメントのイロハで、それがない組織は考えにくいところです。

また、組織の目標を各部署の目標にブレイクダウンして、組織内の役割分担を考えている「はず」です。さらに、部下に目標や計画を立てさせ、定期的に進捗管理をし、必要に応じて励ましやその他動機づけをしている「はず」です。

このように、管理職として、当然やらなければならないことをやってきた管理職にとっては、目標管理制度の導入によって、仕事のやり方がそれほど変わるわけではなく、業務負担感もそれほど大きいものではありません。しかしながら、これまで「成り行き」で仕事を進めてきた管理職にとっては、業務負担感はかなり大きいかもしれません。

■ マネジメントできない管理職は住民にとっても迷惑

部下の人事管理は、管理職のマネジメント活動の重要な部分を占めます。上に挙げたような不満を持つ管理職を配置することによって迷惑を被っているのは部下だけではありません。低下したサービスを受ける住民も被害者です。

部下の育成管理ができないような上司は、そもそもラインから外れてもらい、補助的なポジションについてもらう方が、組織全体としてはプラスだとも考えられます。評価をする管理職人材がどのような人たちであるのか、人事部門はしっかり把握しておく必要があるでしょう。

ある市では、職員課長が、ラインの全課長と面談を行っています。ライン課長は、各部下に関する評価書をもとに面談に臨みます。職員課長は、全職員の評価について、ライン課長から説明を受けるわけですが、実際は、説明能力や、評価能力について、ライン課長の評価をしていることにもなります。

> **Q25** 　**離れた場所での評価**
>
> 私の課の部下は日頃外出先で勤務することが多く、仕事を
> どのように遂行しているかよく把握ができません。どうし
> たらよいでしょうか？

> **A** 　部下の仕事について、日常観察が難しい場合は、意
> 　図的に顔合わせの場を作ることが必要です。人事評価
> 　に限らず、部下の仕事を把握して人事管理をすること
> は、管理監督職にとって必須の業務です。

解説

■ 日常観察が難しくても人事管理は必須

　出先機関、外部職場等、評価者と被評価者との位置が離れてお
り、日常観察が難しい場合の評価はどのように行えばよいのでしょ
うか。

　自治体にはそのような勤務場所が数多くあります。例えば、保育
所の管理者が本庁でデスクワークをしている場合や、福祉事務所長
と各ケースワーカーの関係などです。

　部下の仕事が「よく把握できません」という場合、普段の業務管
理はどうしているのでしょうか。普段も、部下の仕事を「よく把
握」できずに業務遂行をしているのでしょうか。この例は、「日
頃、人事管理をやっていません」と告白しているようなものです。

管理監督職は、たとえ部下が離れた場所に勤務する場合でも、それを管理統率し、仕事の遂行を調整し、評価をする必要があります。

■ 意図的な顔合わせを作るための4つの手法

この作業はいわば、マネジメントそのものです。質問の主が、普段の仕事の管理、進捗管理等ができているかと問われれば、イエスとは必ずしもいえないでしょう。

このような状況下では、離れた部署→すれ違い職場→顔を会わすチャンスが少ない、ということがマイナス面となっているのですから、逆に、意図的な顔合わせの機会を作っていく必要があります。まず、第1に、面談や日常のミーティングを定例化・スケジュール化することが考えられます。実行計画をできるだけ詳細に作成して進捗管理を行うとともに、報告の様式を決めて定期的に報告させることも重要でしょう。

第2に、コミュニケーション手段を多様化し、効率的に面談を進める必要があります。電話やEメール、庁内LAN、グループチャット、Zoomなどのオンラインツールなど多様なコミュニケーション手段を活用し、最終的な目標の設定、評価を進めていきます。面談も数あるコミュニケーション手段のうちの1つとなります。

第3に、上司は面談に際して、周到な準備を行う必要があります。日常的に接触できる職場ではないからこそ、面談の機会を十分に活用する必要があります。

第4に、すれ違い職場では、上司が部下を観察する機会は少ないのが普通です。そのため、目標設定やその達成度の評価において重要なポイントとなるのは、「評価の証」です。データで裏づけされ

た評価の証に基づいて、上司と部下が面談に臨む必要があると考えられます。

■ 評価の補助者を置くことも一案

　なお、評価に際して、監督者にその権限の一部を委任すること、いわば、評価の補助者を置く場合もあります。結果として、評価者の見えない部分を補充してもらう役割があるでしょう。

離れた部署の部下を評価する４つの手法

① 日常的に面談やミーティングを行い、定期的に業務の報告をさせる。
② 電話やメール、グループチャット、オンラインツールなども活用して、コミュニケーション手段を多様化する。
③ 面談の際には、周到な準備をして臨む。
④ お互いに「評価の証」となるものを用意して、面談に臨む。

Chapter 4 例外ケースへの対応

Q26 兼務の場合の人事評価

部下の中に、他の係との兼務発令を受けて両方の業務を
行っている者がいます。どのように取り扱えばよいでしょ
うか？

STEP
2

実
践
編

A 　　同等役職の兼務の場合（○○係長兼△△係長）は、
兼務先の上司は、本務の上司に情報提供を行って、本
務の上司が人事評価シートに記入することになりま
す。目標設定は、役割ごとにウエイトをつけて行います。上位役
職と下位役職の兼務の場合（例、課長兼○○係長）は、上位役職
（課長）で考えて人事評価を行います。

解説

　公的部門における人員削減が進んでいる現状では、いろいろなセ
クションで兼務発令が出されていることがあります。国家公務員の
内閣府の職員などは、4つくらいの併任発令（兼務発令）を受けて
いることもあります。

　その場合、兼務先の上司からの情報提供を受けて、本務の上司が
評価シートに記入していくことになります。

　つまり、Aさんという庶務係長（こちらが本務）が職員係長の兼
務発令をされている場合の評価は、兼務先（職員係）における上司
（人事課長）が、Aさんの評価に必要な評価期間中における職務遂
行状況や兼務の達成状況等の情報を提供します。Aさんの本務の評

147

価者（庶務課長）が、本務の人事評価記録書を用いて行うことになります。

　目標設定の段階においては、役割ごとに目標設定をして、業務遂行割合に応じたウエイト配分をすることになるでしょう。

　能力評価は、兼任先の上司の意見も参考資料としながら、本務の評価者が記入することになります。

　兼務が異なる役職にまたがって行われている場合、例えば、課長が空席の係長の職を兼務するなどの場合には、上位の役職に在籍するものとしての人事評価がなされることになります。

Chapter 4 例外ケースへの対応

Q27 会計年度任用職員の人事評価

部下８人のうち、４人が会計年度任用職員です。年度単位の雇用なので、人事評価は不要だと思っていたのですが、どうでしょうか？

STEP
2

実践編

A 　職員はすべて人事評価の対象です。会計年度任用職員といえども、人事評価を行うことが必要です。その結果は、勤勉手当などに反映されるほか、再度の雇用の際の重要な参考情報ともなります。

解説

　人事評価の対象は、地方公務員法上、任期の長短にかかわらず、あるいは、フルタイムかパートタイムかにかかわらず、会計年度任用職員も含めたすべての職員が対象であり、職員の執務について、定期的に人事評価を行わなければならないものとされています。

　会計年度任用職員については、任期ごとに客観的な能力の実証を行った上で任用することが求められます。再度の任用を行う場合の客観的な能力実証に当たり、前の任期における人事評価結果を判断要素の１つとして活用することが考えられます。このほか、人事評価結果を研修などの人材育成に活用することも想定されます。

　また、令和５年の地方自治法一部改正によって、会計年度任用職員にも勤勉手当が支給されることになりました。会計年度任用職員

に勤勉手当を支給する際には、常勤の職員と同様、直近の人事評価結果を反映するために、評価期間を２回に設定し、その結果を年２回の勤勉手当の成績率に反映する必要があります（総務省「会計年度任用職員制度の導入等に向けた事務処理マニュアル（第２版）Q&A」問12-３、令和５年６月９日総行給第29号公務員部長通知で追加）。

なお、会計年度任用職員については、職務内容や勤務実態等に応じて柔軟な形で人事評価を実施することも可能です。

以下のような方法により、常勤職員と比較して簡易な人事評価の実施方法とすることが考えられます（同上、問12-４）。

- 評価区分を常勤職員と比較して少ない区分とすること
- 評価者については所属長等を基本としつつ、職務状況等を勘案して、被評価者の職務遂行状況を把握することができる職員を設定すること

図表25　簡易な評価シートの例

人事評価記録書（会計年度任用（事務補助）職員）例

評価期間	令和　年　月　日 ～ 令和　年　月　日	被評価者	所属：	職名：
			氏名：	
期首面談	令和　年　月　日	1次評価者	所属・職名：	氏名：
期末面談	令和　年　月　日		評価記入日：令和　年　月　日	

（Ⅰ　能力評価）

評価項目及び行動	自己申告		1次評価者	
	（評価結果）	（コメント：必要に応じ）	（評価結果）	（所見：必要に応じ）
<倫理・知識・技能>				
服務規律を遵守し、業務に取り組んでいる				
業務に必要な知識・技術を有しており、職務遂行にあたって特に留意すべき問題がない				

（Ⅱ　業績評価）

番号	業務内容	目標	達成状況	自己申告		1次評価者	
				（評価結果）	（コメント：必要に応じ）	（評価結果）	（所見：必要に応じ）
1	○○課における事務補助	上司や職員の指示に従い、課内の事務補助を行う	左記の内容について、特に留意すべき問題がない				

【全体講評】

1次評価者
（所見）

※本記録書の様式及び記載内容はあくまで例示です。

（出典）総務省ホームページ

Chapter 4 例外ケースへの対応

Q28 定年引上げと人事評価

部下の中に、60歳超の役降りをした元管理職がいます。少し気まずい感じですが、先方が気遣ってくださるので何とか回っています。ただ、彼の人事評価をするというのは、どうも難しいのですが、どうすればよいでしょうか？

STEP
2

実
践
編

A 職員はすべて人事評価の対象です。60歳超の職員といえども、当然人事評価の対象です。役降りで従前は上位の役職にいた方が自分の部下になった場合もやはり評価の対象となります。

解説

令和5年4月に、定年年齢の引上げを盛り込んだ国家公務員法及び地方公務員法の一部改正がありました。定年年齢は段階的に引き上げられ、制度完成時には65歳となります。60歳超職員の人事評価も当然行われます。ただ、いくつか留意すべき点がありますので、その点について確認しておきましょう。

まず、定年前再任用短時間勤務制を希望する職員については、その希望者全員を採用しなければならないものではありません（総務省「定年引上げの実施に向けた質疑応答（第8版）」問5-1）。「従前の勤務実績その他の人事委員会規則（人事委員会を置かない地方公共団体においては、地方公共団体の規則）で定める情報に基づく選考」に

151

よって任命権者が行うものとされており、「選考の結果採用されない職員が生ずることも想定される」（同上問5-1回答）とされています。

　国の場合、定年前再任用短時間勤務制に関する採用は、「人事評価の全体評語その他従前の勤務実績等に基づく選考による採用」とされています（令和6年1月、人事院給与局・内閣官房内閣人事局「国家公務員の60歳以降の働き方について（概要）」6頁）。自治体においても同様に、それまでの人事評価が選考の際の重要な基準となるでしょう。

　第2に、国家公務員及び国に準ずる措置を講じてきた自治体では、55歳を超える職員については、標準の勤務成績では昇給停止とされてきましたが、これは、60歳超の職員についても同じです。つまり、昇給停止の対象年齢となっている職員については、上位の人事評価を得ない限り昇給はないということになります。

Chapter 4 例外ケースへの対応

Q29 短時間勤務職員の評価

育児・介護により短時間勤務をしている職員について、人事評価の際に留意すべきことはありますか？

A 目標設定については勤務時間を踏まえた設定とすることとなりますが、評価に当たってはその目標設定や勤務時間が短いことのみを理由として低く評価をすることなく、業績評価であれば、勤務時間に見合った業績かどうか、能力評価であれば、取られている行動自体がどうかといった観点等で適切に評価します。

（出典）「人事評価ガイド《評価者・調整者の手続編》」16頁より

STEP
2

実
践
編

Q30

テレワーク等を利用している職員の評価

テレワークやフレックスタイムを利用している職員について、人事評価の際に留意すべきことはありますか？

A 当然のことながら、テレワークやフレックスタイム制の利用の有無そのものは、人事評価に影響するものではないことに留意が必要です。テレワークや勤務時間が異なることにより、被評価者が業務遂行している姿が物理的に見えず、業務状況が見えづらいことも考えられるため、被評価者とのコミュニケーションの機会を作る、定期的に業務報告する場を設ける、業務状況を共有できるツールを使う等、業務遂行状況を把握する手段を意識的に確立する必要があると考えられます。

（出典）「人事評価ガイド《評価者・調整者の手続編》」16頁より

Chapter 4 例外ケースへの対応

Q31 留学中の職員の評価

留学中の職員について、人事評価の際に留意すべきことは
ありますか?

STEP
2

実
践
編

A 　　大学等の試験結果、取得単位数、出席状況等の情報
を収集し、それらを総合的に勘案して、能力評価及び
業績評価に係る評価を行ってください。なお、留学中
の職員の人事評価については、各府省等において、その他の職員
とは異なる方法によることとされている場合があります。自治体
の場合も、それぞれの判断によることになります。

(出典)「人事評価ガイド《評価者・調整者の手続編》」16頁より

Q32　休職中の職員の評価

休職中の職員について、人事評価の際に留意すべきことは
ありますか？

A　　　定期評価における能力評価又は業績評価の評価期間
のすべてにおいて休職している職員については、当該
定期評価を実施しません。
　評価期間のうち一定期間休職していた職員については、実際に
勤務した期間について評価を行います。

（出典）「人事評価ガイド《評価者・調整者の手続編》」16頁より

Chapter 4 例外ケースへの対応

Q33 人事管理上配慮が必要な職員の評価

心が不健康な状態にあるなど、人事管理上配慮が必要な職員について、人事評価の際に留意すべきことはありますか？

STEP
2

実
践
編

A 　　　人事管理上の配慮が必要と考えられる職員については、目標設定・開示・面談等の手続については、実施権者の指示を受けつつ、当該職員に係る健康管理医等の助言を踏まえ、当該職員の状態に配慮した取扱いを行ってください。

（出典）「人事評価ガイド《評価者・調整者の手続編》」16頁より

157

Chapter **5**

被評価者に求められること

Q34 **被評価者が留意しておくべきこと**

部下から、「人事評価を受ける際、どのような点に留意す
ればよいか」という質問を受けました。どのように指導す
ればよいでしょうか?

A 　　評価者は評価する側の立場に立ってさまざまな点に
留意する必要がありますが、人事評価制度が、人材育
成のツールとして正しく機能するためには、実は、評
価される側（被評価者）として知っておくべきことも制度の根幹
にかかわる重要なことなのです。解説では、被評価者が留意して
おかなければいけない項目について考えてみましょう。

解説

■ 能力評価項目把握の必要性

　能力評価制度の評価項目は、各自治体の人材育成基本方針におけ
る「求められる職員像」を踏まえ、設計されています。評価項目を
理解し、自らの業務に当てはめて能力開発をすすめることで、「求
められる職員像」に近づくことになります。評価項目を意識しなが
ら、日々行動するようにしましょう。

Chapter 5 被評価者に求められること

■ 業績評価における目標設定の方法

個人目標を設定するとはどういうことでしょうか？

まずは、自治体の全体の方針を把握・理解します。

次に、所属目標を把握・理解し、最終的に個人目標を設定します。設定の手順は、次のとおりです。

---

① 自治体の経営方針、総合計画、施政方針などを把握するとともに、そこから導き出された所属目標をしっかりと理解します。
② 自己の役割の整理・確認、住民からの期待の整理、現状の問題点などを整理します。
③ 自分が取り組むべき課題を抽出し、目標項目を考えます。
④ 「何を（目標項目）、どの水準まで（達成基準）、いつまで（期限）、どのように（手段・方法）」を明確にした目標を設定します。

目標設定は、上位部門の目標を受けて個人目標へブレイクダウン（落とし込み）していくことが重要ですが、次のような目標を設定することも可能です。

---

① 実務の現場として改善を要するもの
② 解決しなければならない課題
③ 日常の業務活動の中で特に重点を置く必要があるもの

STEP
2

実践編

159

図表26 個人目標設定の流れ

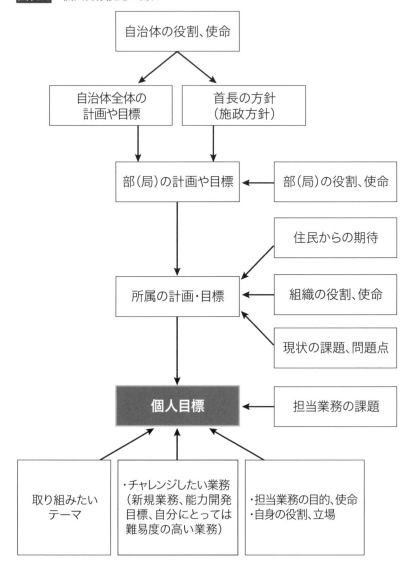

Chapter 5 被評価者に求められること

Q35 自己評価に当たっての留意点

自己評価は何のためにするのでしょうか？

STEP
2

実
践
編

A 　自己評価は、客観的に自らの行動を振り返ってみることで、自己の能力を正しく認識し、自らの能力開発につなげるために行います。

解説

■ 評価誤差が生じた場合

　評価者との間で評価誤差が生じた場合、自己の職務についてどのように取り組み、どのような実績を上げているか、もう一度客観的に見つめ直してみましょう。

　「業績評価」においては、業務目標の設定時の難易度に問題がなかったかどうかの見直しが必要です。

　「能力評価」においては、評価基準と自らの行動を客観的に照らし合わせることが必要です。

　自己評価が甘すぎる場合は、自身の能力などへの過剰な認識が、周囲との摩擦や軋轢を生んでいないかどうかを注意する必要があります。

■ 面談時の留意点

　面談は、評価者と被評価者の重要なコミュニケーションツール

161

で、同じ目標を持ち、組織的に仕事に取り組むための機会です。

　疑問に思うことは、積極的に尋ねるようにしましょう。

　面談は上司との対決の場ではありません。お互いの理解を深める場です。自らを客観的に見つめ直す機会として位置づけ、自身の能力を伸ばすための絶好の機会だととらえましょう。そのためには、アドバイスを素直な態度で聴き、指摘を受けた事項について改めるべきところは改めましょう。

STEP 3 発展編

より納得性の高い人事評価のために

STEP１・２では、評価者が人事評価を実施する際の個別課題につい
てQ&A形式で見てきました。人事評価制度が定着し、組織の活性化に
役立つかどうかは、一義的に評価者の取組にかかわっています。

　さて、STEP３では、発展編として被評価者にとってより納得性の高
い人事評価をするために必要なことを述べていきたいと思います。

　まず、第１章では人事評価を活かすためには何が必要なのか。それを
10のポイントにまとめました。「当たり前のこと」と思われるようなこ
とも、あえて書いています。基本、原理・原則を踏まえて評価を行うこ
とが何より重要だと考えられるからです。

　次に、納得性の高い人事評価のためには運用の肝である評価者の評価
能力の向上が不可欠です。そのためには、評価者訓練が極めて重要で
す。第２章ではその点について述べました。

　最後に人事評価で出てくる用語をまとめています。

第1章

人事評価を活かすための
10のポイント

ポイント 1 | 評価制度の「意義・目的」を きちんと認識しておく

　人事評価制度の意義・目的としては、一般的に次の①から④が挙げられます。

　こうした目的をきちんと認識した上で、評価に臨むことが重要です。

①　計画的に人材を育成し、職員のやる気を高める

　人事評価制度は、職員が期待されている役割、遂行すべき仕事の内容について具体的な評価基準を打ち出し、職員に対して「あるべき方向性」「とるべき行動」を示す機能があります。

　職員はあるべき方向に向けて努力し、至らなかった点は改善し、他者から強制されるのではなく自律的に学び（自学）、新たな課題に挑戦していく「やる気」のある職員を目指すこととなります。

　このような過程を通して、必要な人材を計画的に育成していくという目的があります。

②　コミュニケーションで組織を活性化する

　個人目標の設定、達成の方法、難易度の設定などを、上司と部下とが期首面談の中で決定します。

　評価の途中においては、仕事の進行状況について上司と部下が話し合い、上司は目標達成に向けた適切な助言を行います。

第1章　人事評価を活かすための10のポイント

　最終的に、評価結果を被評価者にフィードバックします（通常は評価者である上司から本人へ）。

　このように、評価プロセスのさまざまな局面で、上司と部下のコミュニケーションが必須となるため、組織内でのコミュニケーションの活性化につながります。

③　組織業績の達成を継続させる

　職員各自が有している力を最大限に発揮することにより、組織としての業績が継続的に達成されることを目指します。

④　組織を変革する

　人事評価制度の仕組み自体や人事評価の実施過程を通じて、職員の意識改革や行動変革がもたらされます。これにより、職員自身が成長するとともに、組織風土も変化し、組織自体が活性化していきます。公務組織変革の鍵ともなるものです。

| ポイント 2 | 評価制度の「役割」を しっかりと認識しておく |

人事評価の役割としては、一般的に次の2つが挙げられます。

① 職員の「今の状態」を知り、人事政策に活かす

人事評価制度を使って、職員の今の状態を知ることを通じて、
・「人材をより適正に配置する」
・「人材をより有効に活用する」
・「人材をより公正に処遇する」
という**人事管理上の目的を実現する役割**を期待されています。

② 職員の行動を変える

人事評価の評価基準は、「職員にこうなってほしい」「職員にこう行動してほしい」という組織の「期待の表明」です。背景には、「こうした組織を作りたい」という組織経営の長期目標に基づく「期待する職員像」があります。

職員は、「期待する職員像」を踏まえた評価基準に基づいて行動するため、人事評価は**組織が「こうなってほしい」という方向へ職員の行動を変える役割**があります。

従来の勤務評定においては、①の役割ばかりが重視されてきました。これまでは、評価基準を公開せず、面談もなく、評価結果を本

第1章　人事評価を活かすための10のポイント

人にフィードバックしないような閉鎖的な勤務評定が一般的でした。しかし、"組織業績"をいかに上げるかという人事管理、人的資源管理のそもそもの目的に照らすならば、①の要素（人事管理上の目的）だけでなく、②の要素（職員の行動変化）も、いや②の要素こそより重要なのです。

　ここで注意しておきたいことは、「組織業績」は、国や自治体といった公共部門においても重要であるということです。自治体の場合、「住民の福祉の増進を図ることを基本として、地域における行政を自主的かつ総合的に実施する役割を広く担うもの」（地方自治法第１条の２）であることが期待されています。そこで、そのような住民サービスの向上をいかに図るかということがポイントとなってきます。この観点から考えると、職員の行動を上記の役割を担うようなものに変えていくこと、そのように人材育成していくことが必要になるのです。

STEP
3

発展編

ポイント **3**

人材育成基本方針と評価マニュアル・評価基準をよく理解しておく

　人事評価制度の役割として重要なのは「職員の行動を変える」という点でした。そのためには、職員にこうあってもらいたいという**「期待する職員像」を示す**ことが必要です。人材像を示し、そのような職員を高く評価することによって、職員の行動を変え、住民サービスの向上に資する職員へと方向づけをすることができるのです。このようなことから、「期待する職員像」は、評価基準を支える憲法としての役割を果たすともいえるでしょう。

　求められる職員像を示し、職員に求められる能力を示し、それをどのように育成していくのかを示すチャートとして、一般的に「人材育成基本方針」が定められています。人材育成は「組織が求める能力」と「職員が持っている能力」の乖離を埋めるものです。求められる能力や期待される職員像を明らかにすることがまず第一です。そのうえで、そのような能力や人材はどのようにすれば育成できるのかを考える必要があります。ジョブローテーションをどうするのか、昇進システムをどうするのか、OJTをどうするのか、そして評価やそのフィードバックをどうするのかなどの、人事給与諸制度との連携が念頭に置かれた人材育成基本方針であることが望まれます。

　仮に、そのような基本方針を策定せずに人事評価制度をスタートした場合でも、評価基準のなかに「期待する職員像」がきちんと書き込まれているのであれば、その人事評価は本来の目的を達成できると思います。

第1章　人事評価を活かすための10のポイント

　評価者はあらかじめ、人材育成基本方針に規定された「期待する
職員像」、人事評価マニュアル、人事評価基準を熟読しよく理解し
た上で人事評価に臨むことが必要です。

評価の前には、評価基準を再確認するようにしましょう。

COLUMN

STEP

3

人材育成基本方針策定指針の改訂（令和5年12月）

発
展
編

　令和5年12月22日、総務省は「人材育成・確保基本方針策定指針」を
公表しました。前の指針は平成9年11月に出されていましたので、実に
26年ぶりの指針の改訂ということになります。

　この26年の間に、分権一括法の制定・施行、少子高齢化のますますの
進展、個人のライフプラン・価値観の多様化、東日本大震災を始めとす
る大規模自然災害の多発、また、新型コロナウイルスの大規模蔓延な
ど、様々な変化を我々は経験してきました。また、デジタル化の進展で
日常生活が大きく変わりつつあります。公共私間の協力関係の構築や若
年労働力不足への対応など今後の課題も数多くあります。

　このような状況下、「人材育成」のみならず、「人材確保」や「職場環
境の整備」を図るという総合的な観点から、平成9年の指針を新たに
「人材育成・確保基本方針策定指針」として全面的に改正したもので
す。また、そこでは、各自治体が基本方針を改正等するに当たって留意
すべき基本的な考え方や人材育成・確保の検討事項を参考として提示す
るとともに、デジタル社会が進展し、官民ともにデジタル人材の需給が
逼迫する中、急務となっているデジタル人材の育成・確保に係る留意点
についても、併せて提示するものとなっています。全体の概要は次ペー
ジをご覧ください。

https://www.soumu.go.jp/menu_news/s-news/01gyosei12_02000138.html

　平成9年指針との大きな違いは、第4章「デジタル人材の育成・確保
に関する留意点」という章を置き、求められるデジタル人材像の明確化
を図り、その人材のレベルごとに育成・確保すべき目標を設定するこ
と、を明記している点です。各自治体においても、今後改訂する人材育
成基本方針にはそのようなことを盛り込む必要があるでしょう。

171

図表27 人材育成・確保基本方針策定指針概要

現行指針（平成9年人材育成基本方針策定指針）

○地方分権推進の要である職員の人材育成を進めるため、地方公共団体が「基本方針」を策定する際に留意・検討すべき事項を提示した「指針」を策定 ※令和5年4月1日時点で、ほぼすべての地方公共団体（95.6％）が方針を策定（改定率57.8％）

新たな指針（令和5年12月人材育成・確保基本方針策定指針）

○生産年齢人口の減少、働き手側の価値観の多様化、デジタル社会の進展等により**地方公共団体を取り巻く状況が大きく変化**する中、複雑・多様化する行政課題に対応する上で、人材育成・確保の重要性が高まっていること、また、**第33次地方制度調査会**において、都道府県等が市町村と連携して専門人材の育成・確保に取り組む視点の重要性が指摘されていることも踏まえ、現行指針を大幅に改正
○「人材育成」に加えて、「**人材確保**」、「**職場環境**」、「**デジタル人材の育成・確保**」に関する検討事項、留意点を記載
○各地方公共団体が基本方針を改正等する際の留意すべき事項等を提示し、「基本方針」の改正等を促すことで、人材育成・確保の取組を推進

＜基本方針の改正等に当たっての基本的な考え方＞

■求められる職員像・職務分野等に応じ**必要なスキルを明確化**
■特に必要となる人材について、可能な限り**定量的な目標を設定**、定期的に検証、取組改善
■**首長等が積極的に関与**、人事担当部局と関係部局が連携
■単独では育成・確保が困難な市区町村への**都道府県の支援、市区町村間の連携の強化**

＜人材育成・確保の検討事項＞

1.人材育成
リスキリングやスキルアップによる必要となる人材の計画的・体系的な育成等
・人材育成プログラムの整備
・人材育成手法の充実
・人を育てる人事管理

2.人材確保
新卒者に限らず、多様な経験等を持った経験者採用の積極的な実施等
・公務の魅力の発信
・多様な試験方法の工夫
・外部人材の活用等

3.職場環境の整備
全ての職員がワーク・ライフ・バランスを保ちながら、能力を最大限発揮できる職場環境の整備等
・多様な人材の活躍を可能にする職場環境の整備
・働きやすい職場の雰囲気の整備
・職員のエンゲージメントの把握

4.デジタル人材の育成・確保
高度専門人材、DX推進リーダー、一般行政職員ごとに想定される人材像や役割を整理し、育成・確保を推進等
・職員のデジタル分野の知識・スキル等を把握の上で、求められる人材のレベルごとに育成・確保すべき目標を設定
・人事担当部局とDX担当部局等の緊密な連携、首長等のトップマネジメント層のコミットメント等によるデジタル人材の育成・確保に係る推進体制の構築
・自団体だけではデジタル人材の育成・確保が困難な市区町村に対する都道府県による支援
・デジタル分野の専門性・行政官の専門性を合わせて向上させながらキャリアアップを図ることができるキャリアパスの提示

（出典）総務省ホームページ

第1章　人事評価を活かすための10のポイント

ポイント

4

人事評価は管理職の「本来業務」であることを自覚する

　管理職の業務として、「業務管理」と「人的資源管理」が挙げられます。

　まず、組織の目標を決め、その達成に向けて業務を進めていく業務管理があります。でもそれだけではなく、管理職は、部下の能力を高め、働き甲斐のある職場をつくるという人的資源管理についても、また重要な本来業務として担っています。

　自治体業務が複雑化・多様化し、他方で予算や人員が削減されている中では、業務管理にばかり管理者の関心が行きがちです。しかし、組織として動いている以上、すべての仕事を管理職1人でできるわけではありません。部下を適正に配置し、職務を割り当て、随時指導し、そして責任感をもって業務に取り組んでもらうことによって、組織の目的が達成されることになります。

　目的を共有して、組織の内部でのコミュニケーションがうまくいっているときに、組織目的は達成されやすくなります。やる気に満ち溢れ、コミュニケーションのよい組織、活性化した組織をつくることも、管理職の重要な業務です。

　人は自己実現欲求が満たされたときに達成感を味わうし、そのことを公正に評価してもらったときにモチベーションが上がります。そのために管理職が果たす役割は、自己実現欲求が満たされるように能力開発・人材育成を行うこと、公正な評価を行うことが何より重要になってきます。

STEP

3

発展編

173

人事評価は、組織にとって必要とされる人材を育成し、業務目標の達成度評価を行い、よりよい行政サービスを進めていくための重要な制度です。管理職の役割として重要な、業務管理、人的資源管理をより効率的で効果的に進めていくためにも、人事評価に対する理解を深めることが必要です。

　人事評価は、評価者の付帯的な業務でも、期末だけに行う業務でもありません。**評価者が行う日常のマネジメント活動の一部である**ことを認識しておく必要があります。

　評価者自身も、さらに上位の評価者によって評価されています。人的資源管理がうまくできていない管理職、人事評価が適切でない管理職は、より上位の評価者によって「管理職不適格」との評価がなされる可能性があることも肝に銘じておいてください。

第1章 人事評価を活かすための10のポイント

ポイント **5** 人事評価はきちんと「制度化」されていることが重要

STEP **3**

発展編

① 従来の評価：一方的で曖昧な評価

　人事評価制度を導入していない自治体においても、事実上、これまでさまざまな評価を実施していました。昇任者を選考する際には、何らかの方法で誰を昇任させるか評価し、決定してきたはずです。ただ、今までは、評価を紙に書かずに口頭で曖昧に行ってきました。

　本人が知らない評定基準に基づいて上司が一方的な評価を行い、評価の際の面談もなく、評価結果は本人には知らせないまま、人事担当部門で昇格・昇任などに活用するという場合もありました。実質的には「評価」は何らかの形でなされてきたのです。

　「人が人を評価するのはよくないことだ」として評価制度導入に反対する意見もありますが、彼らも、職員採用試験における人物評価については反対しません。これから採用する人を評価しているのに、すでに採用された人を評価しないというのは筋が通っていません。

② 制度化することによる３つのメリット

　新しい人事評価制度は、「従来と全く異なる革命的なものを入れる」というよりは、「従来曖昧に運用されていたものを、標準化し

175

て確実なシステムに載せていく」というものだと考えた方がよいで
しょう。形がなかったものを形にし、曖昧な基準で運用されてきた
ものを明確な人事評価基準に基づき、明確な手続に則って進めてい
くというものです。

　制度化すると、次の3つのような効果があります。

---

① 職員に期待されている役割、遂行すべき仕事の内容について、
　具体的な評価基準が打ち出される。
② 評価の際の面談を通じ、上司から部下への適切な助言がなさ
　れ、コミュニケーションの活性化につながる。
③ 評価結果が本人へフィードバックされ、人材の育成につながる。

　このような制度化の意味を十分活かすためにも、評価基準をしっ
かりと理解し、適用の際にも過誤等を犯すことのないよう留意して
評価をする必要があります。また、評価面談においては、上記の趣
旨を十分踏まえた上で怠りなく準備して面談に臨みましょう。

第1章　人事評価を活かすための10のポイント

ポイント
6

上司と部下との
日常的な「信頼関係」がカギ

　人事評価はもろ刃の剣ともなり得るものです。良好な信頼関係が構築されている職場においては、組織を活性化させるための重要なツールとなるのに対して、信頼関係が壊れている職場では、人間関係を余計にギスギスさせてしまう可能性があります。上司と部下の日頃からの信頼構築が、大前提として必要です。

　日々のOJTには信頼関係を築くためのコミュニケーションという側面もあります。わかりやすい評価基準や正確なマニュアルがあっても、日頃の信頼関係を築く努力なしには公正で納得できる評価は行えません。

　評価者は、日常のコミュニケーションを通じて、「説得」ではなく、被評価者との「話し合い」を心がけることが重要です。また、被評価者に報告・連絡・相談をさせるようにし、コミュニケーションを深め、被評価者を動機づけることも評価者の役割です。

　そのため、被評価者が期首面談等で設定した目標に少しでも近づくように、必要に応じた支援や環境整備をすることが大切です。

　評価に納得性を持たせることで、被評価者が評価結果を今後に活かすことができます。そのためにも、育成シートにしっかりと記録するとともに、それを本人にフィードバックする機会を持ちましょう。コミュニケーション手段の主なものは言葉や文字ですが、E-mailを多用する環境下にあっても、やはり重要なのは言葉によるコミュニケーションです。自身の業務の中で、時には「ほめ」、時には「指導」しましょう。

STEP
3

発
展
編

177

ポイント 7 「事実」に基づいて評価する

　評価者は、評価のためということで、特別に被評価者の職務行動を観察・把握する必要はありません。評価者が日頃行っている業務管理の中で、被評価者の職務行動のうちの顕著な行動等について評価項目及び行動や着眼点を通して把握し、評価の材料として収集すれば足りるものと考えられます。

　評価材料としての行動等についての「記憶」は、時間の経過とともに鮮明でなくなるので、評価期日に近い時期のみの行動で部下を評価してしまう可能性や、事実による評価でなく主観や推測による評価となってしまう可能性もあります。そこで、必要に応じて「記録」に留めておくことも有益です。

　「記憶」による評価ではなく、「記録」による評価が公正な評価につながります。評価期間中の被評価者の顕著な行動や成果（良かった点、改善すべき点）を記録し、それを参考に人事評価を行うと、より公正な評価となります。

　記録はこっそりつけるものではないと思います。門外不出の閻魔帳ではなく、本人へのフィードバックを前提としているものなので、記録するだけでなく、被評価者に伝える必要があります。その際、ほめる、注意する、指導するなどのアクションを起こすと、被評価者も覚えていて、フィードバックの際の納得性も高まります。

　前にも述べましたが、被評価者に評価結果を納得して受け入れて

第1章　人事評価を活かすための10のポイント

もらうためには、日頃の信頼関係の構築が重要です。評価結果だけを伝えても納得は得られません。日常からコミュニケーションをとり、適切な指導を行いましょう。

　また、評価する項目、基準に従って具体的な事実を評価することが大切です。評価者自身の人生観や価値観で評価をするのではなく、客観的な基準に従って評価をするようにしましょう。

STEP
3

発
展
編

COLUMN

行動等の観察（評価事実の収集）

　期末の評価に向けて、日頃から行動等の観察の記録をつけておくことは重要なことです。国家公務員に関する「人事評価ガイド《評価者・調整者の手続編》」には、次のように書かれています。

1．行動等の観察（評価事実の収集）

　目標の達成状況・プロセスや職務遂行の中で取られている行動等をよく観察し、評価の判断材料となる事実を集めます。そのためには、日常の業務を通じたやりとりに加え、1on1ミーティング（相手の成長と成果を支援するために1対1で行う対話（面談）のこと）などを活用して、**定期的な対話の機会を設定する等、積極的なコミュニケーション**を行い、被評価者の仕事ぶりを観察・把握していくことが重要です。被評価者との間で業務遂行状況について認識共有することは、業務管理・支援だけではなく、評価結果の納得感等にもつながります。

　特に、被評価者が**管理・監督職員**の場合には、当該職員の**マネジメント行動に係る事実をしっかり把握することが極めて重要**です。事実の収集に当たっては、
・当該職員に直接、具体的にとっているマネジメント行動について聴き取る
・当該職員の部下職員等にも具体的な職場環境や業務状況を聴き取る
等、積極的な観察を行ってください。例えば、評価項目や着眼点等を踏まえ、以下の事項について聴き取りを行い、判断材料の1つとすることが考えられます。

　　<聴き取り事項の例>
　　　・業務の目的や成果水準をチーム内で共有し、効率的に業務を進めているか/進められているか
　　　・業務の取捨選択（何をやるべきか／何をやらないか・やめるか）を行っている/行われているか
　　　・チーム内での業務分担をどのように行っている/行われているか
　　　・ワークライフバランスや男性職員の育児に伴う休暇・休業の取得の勧奨など、チー

179

ム内で柔軟な働き方を推奨しているか/されているか
・部下との間で双方向のコミュニケーションや業務の進捗状況の把握等のために、どのような工夫をしているか
・部下の能力開発やキャリア形成のためにどのような支援をしている/されているか
・マネジメント目標に係る進捗状況や達成に当たって困難に感じていることがあるか

　その他、多面観察やエンゲージメント・職場環境の調査等の実施がある場合、また、その結果の共有がされている場合には、当該職員との間でその内容を踏まえて意識しているマネジメント行動等について聴き取りを行うことも考えられます。

Memo （管理・監督職員）マネジメント行動の観察

　管理・監督職員の評価者にあっては、当該被評価者のマネジメント行動について、**日頃からよく観察して評価**を行うとともに、人事評価における面談の機会を活用して指導・助言を行う等により、当該被評価者の**マネジメント行動の把握・改善に努める**こととしています。　内閣人事局が作成・公表している「国家公務員のためのマネジメントテキスト」において、重要マネジメント項目に関係する、具体的に望ましい行動の実践例を紹介していますので、これらの資料も参考にしてください。
（望ましいマネジメント行動例）
① **マネジメントの基盤を作るコミュニケーション**
　・「心理的安全性」を確保し、組織内において良質なコミュニケーションを通じた
　　信頼関係を構築している。
　・管理職との間だけでなく、チームメンバー間でも良質なコミュニケーションが
　　維持・確保できるようにしている。
② **業務マネジメント**
　・組織の目標を踏まえ、チーム全体で何をやるべきか／何をやらない・やめるか
　　を判断している。
　・チームの人員や予算を踏まえ、効果的にジョブ・アサインメント（部下に行わ
　　せる職務を具体化した上で割り振り、その職務を達成するまで支援すること）
　　を実施している。
③ **人材マネジメント**
　・組織全体の方向性を捉え、中長期的な視点で将来の組織を支える人材を育成し
　　ている。
　・日々の業務において、部下のやりがいやエンゲージメント（自発的な貢献意
　　欲）を高め、部下一人一人の能力の底上げをしている。

---

2. 積極的な指導・助言

　被評価者の秀でている点や改善点などについては、日常の業務の中で、気付いたその場で褒めたり指導したりすることが基本となります。常に被評価者に関心を持ち、必要な指導・助言をするようにしましょう。

　特に、被評価者が**管理・監督職員**の場合には、当該職員の**マネジメント行動を改善するための指導・助言を行うことが重要**です。上記1．に記載のとおり、当該職員のマネジメント行動を積極的に観察し、マネジメント上の課題や改善点を的確に把握した上で、**マネジメント能力向上のための具体的なアドバイスを行ったり、課題等を克服するためにどうすれば良いかを一緒に検討したりする**ようにしましょう。

第1章 人事評価を活かすための10のポイント

COLUMN

行動観察記録票、人材育成シート

STEP
3

①行動観察記録の意義

　行動観察記録とは、被評価者の日々の職務上の行動を観察し記録するためのもので、被評価者の人材育成を行う上での重要なツールであることから、人材育成シートと呼んでいる自治体もあります。これを活用することにより、評価の納得性を高め、日々のOJTにも役立てることができます。様式は自治体によって異なっていますが、様式がなければノートを使ってもかまいません。事実評価の原則に基づく公正な評価をするためには不可欠なものといえます。

　被評価者の日々の行動を観察し、記録すること、また、それに対してどのように指導を行ったかなどを記録することによって、評価の際の事実確認になるとともに、被評価者の能力開発・人材育成にも資するものです。

　管理職にとっても、日々のOJTに活用することで、自らのマネジメント能力を向上させることができます。

発
展
編

②記入上の注意

　行動観察記録（人材育成シート）を記入する際には、まず、評価者という意識を持って記録することが必要です。判断材料を集めるものではありますが、同時に、評価者自身がどのように関わったか、どう対処し指導を行ったかも含めて記人しましょう。

　また、結果を必ず被評価者本人にフィードバックするという前提で記録しましょう。行動観察記録（人材育成シート）は、門外不出の閻魔帳ではありません。職員の能力開発・人材育成につなげ、結果として組織の業績を上げることが目的です。本人へのフィードバックを、日常のOJTにおいて、あるいは面談において行うようにしましょう。

　行動観察記録の例を、記入例とともにここに掲げます。

図表28 行動観察記録の例

行　動　観　察　記　録　票			観察する職員名	
所属		職名	職員名	
○○課　○○班		○○	○○　○○	
月／日	賞賛される行動 問題がある行動　等	月／日	評価者のとった対応 （賞賛・激励・援助・注意・対策等）	
10／5	担当業務について事務改善の提案があった。	10／5	積極的な姿勢を評価し、改善に取組むよう励ます。	
10／30	10月2日に○○の先進事例を調査し、10月30日までに報告するよう指示したが報告がなかった。	10／30	報告が遅れそうな旨を事前に相談すること、また他の職員に協力を求める等、適切に対応するよう指導した。	
11／25	大声を出した苦情者に対して冷静な対応をとった。	11／25	冷静な対応を労った。また、苦情内容を報告させ、再発防止のため班員で打合せを行った。	
12／22	担当業務の制度改正について、国・県・近隣市の動向をたずねたが全く把握していなかった。	12／22	至急調べて報告するよう指導した。また、今後は日頃から情報収集に努めるよう指導した。	
［通期］	お客様に対しては毎回、丁寧に応対している。 ただし、業者に対しては横柄な態度になりがちである。			

　国家公務員に関しても、「職務行動記録メモ」をつけることが推奨されています。「特に決められた様式ではありません。備忘のためのメモを残しておくことが有効です。」とされています。

第1章　人事評価を活かすための10のポイント

　掲載されている職務行動記録メモは次のものです。いずれにせよ、毎
日つけるということを想定されているものではないようです。

図表29　職務行動記録メモの例

職務行動記録メモ

記録期間：　　年　　月　　日　～　　年　　月　　日
対象者：氏名＿＿＿＿＿＿　　　記録者：氏名＿＿＿＿＿＿

Ⅰ　業績評価

期間中の行動事実・実績等	
（時期等）	（内容や目標等との関係等）

Ⅱ　能力評価

期間中の行動事実・実績等	
（時期等）	（内容や評価項目及び行動との関係等）

（出典）「人事評価ガイド《評価者・調整者の手続編》」参考資料集8「面談ガイドライ
　　　　ン」7頁

STEP
3

発
展
編

183

ポイント

8

「組織の目標」を
メンバーに共有させる

　業績評価においては、特に「達成目標」が評価基準として重要です。これは、場合によっては目標の独り歩きや、自己目的化をもたらす危険性があります。目標達成に向けて邁進するのはよいことなのですが、被評価者の中には、極端に硬い意思を持っていて「目標」を達成しなければという強迫観念にとらわれてしまう人も出てきます。

　このような事態を避けるためには、被評価者が、所属する組織の課題・目標について的確に理解し、それを互いに共有している必要があります。そこで、管理職は、自らの組織のメンバーに目標設定をさせる前提として、組織としての目標を認識・理解してもらい、組織目標を共有してもらう必要があります。

　特に重要な「組織目標」についての共通理解は不可欠です。そのうえで、各自の目標設定の際には、必ず組織目標とのリンクをイメージしてもらう必要があります。

　具体的には、組織目標の共有化ミーティングを持つことが考えられます。

　ミーティングにおいては、上司は、確定した組織目標、自己の目標を示すだけでなく、①その背景、②戦略・方針、③組織目標達成のための手段・方策を作成して臨みます。

　①では、組織目標の背景や、もととなった課題・検討事項（環境変化、上位方針の変更、内外の関係者からの期待、組織の現状の問題点

第1章　人事評価を活かすための10のポイント

等）をまとめておきます。

　②では、目標管理シートとは別に上司なりに考えた戦略・方針を作成してわかりやすい表現でまとめておきます。

　③では、目標項目ごとにその達成手段、方策をスケジュール化した計画書を作成しておきます。

STEP
3

発
展
編

　これらの資料をもとに、チームでの共有化ミーティングの場で説明します。一方的にならないよう、部下からの質問を受けることを中心に進めるとよいでしょう。

組織目標の共有化ミーティングのポイント

---

①　組織目標の背景や課題・検討事項を伝える。

②　上司が考える戦略・方針をわかりやすく伝える。

③　目標ごとにその達成手段、方策をスケジュール化する。

185

COLUMN

組織目標と連動した個人の業績目標の設定の事例

取組事例：福岡県飯塚市　職員数：872人

「組織目標と連鎖した個人目標設定」
〜目標設定を軸に据えた個人成長の実践〜

　飯塚市では、組織のマネジメントは元より、職員個人の成長やエンゲージメント向上のためにも、組織目標と個人の業務目標を連鎖させることは非常に重要な取組だと捉えています。また、組織目標を達成するためには、職員個人の業務目標を適切に設定することが重要と考えており、研修等を通した周知や人事課による目標の精査等を行っています。

■　取組の経緯

○飯塚市の人事評価制度は、平成20年度に管理監督職から開始し、平成24年度より、全職員を対象とした制度が始まりました。職員個人の業務目標を適切に設定することを重視し、システムを活用して、人事担当部局が、職員の目標内容について精査を行っています。

■　取組内容とポイント

○適正な目標の設定

・組織の効果的な運営と、職員の能力開発を進める上で、人事評価は最も重要な取組であると考えており、その中でも「目標設定を適正に行うこと」に重点を置いて取り組んでいます。

・目標の設定にあたっては、まず、市の方針や重点事業を踏まえ、部長級の職員が目標を設定します。その後、課長級、係長級と順番にブレークダウンをしながら全職員が目標設定を行います。

・職員が設定した目標については、目標の内容や難易度等が適正かどうかについて、各部局任せにするのではなく、人事担当部局においても可能な限り個別精査を行っているのが特徴です。

・具体的には、①組織目標と個人目標が正しく連鎖しているか、②職位に応じた目標設定がなされているか、③担当業務ではなく自己研鑽自体が目標となっていないか等、3〜5項目程度の視点を設定した上で、個別精査を行っており、目標の修正が必要と判断

した場合には、評価者に修正を依頼しています。
・個人の目標設定後、上司・部下間の期首面談を1時間程度行うこととしています。システムで面談時間の記録を残すことで、面談が確実に行われているかどうかを人事課が確認しています。

〈工夫のポイント〉

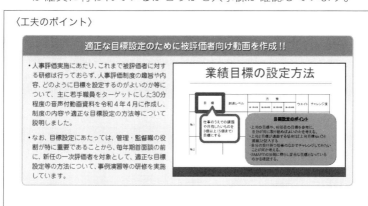

○組織への貢献度の見える化
・目標設定については、3つ以上5つ以内で設定するようにガイドラインで示しています。そして、「組織への貢献度の見える化」を実現するため、上司との連鎖項目（同一目標）を設定できることとしています。なお、目標設定時には、目標は一緒であっても、そのための具体的な方策は職位によって異なることを周知しています。
・上司の目標との連鎖項目があることで、上司と部下が同じ目標に向かって行動できることや、自分の頑張りが上司や組織の業績と直接的に連動していることを実感できる点に効果があると考えています。

○目標を達成するための工夫
・目標設定から人事評価までの期間に、可能な限り上司と部下の面談を計5回実施するよう周知しています。
　※目標設定面談（5月）、振り返り面談（7月、10月、1月）、フィードバック面談（2月）
・振り返り面談では、目標に対する進捗確認と行動修正を行いま

す。面談は、組織目標達成のために重要なマネジメントであると同時に、上司・部下とのコミュニケーションの場でもあり、部下の育成の場でもあると考えています。

■　取組の効果

○目標設定に重きを置き、研修や目標内容の精査を行って職員一人ひとりが目標に正しく向き合う機会を提供していくことは、これからも重要と考えています。目標の達成に向け、上司とのコミュニケーションの機会が徐々にでも増加していけば、長期的に職員の働く意識の変化や、組織力向上にもつながっていくものと確信しています。今後は目標設定と表裏一体である評価についても、さらなる評価者の能力の平準化を目指していきたいと考えています。

（出典）総務省「地方公共団体における人材マネジメント推進のためのガイドブック」
令和5年3月、34-35頁

第1章　人事評価を活かすための10のポイント

ポイント
9

二次評価者との間の「評価面談」も大切

　人事評価制度は組織によってさまざまなものが構築されていますが、その大部分は、一次評価者の評価だけで完結するというものではなく、より上位の評価者がいる二次評価制度がとられています（さらに上位に調整者をおいた、三次評価制以上のものも多く見られます。）。

　一次評価だけでない理由としては、次のようなものが挙げられます。

---

① 　一次評価者の甘辛調整、性癖、主観の補正
② 　一次評価者の評価能力が必ずしも十分ではない
③ 　二次評価者の広い視野、高い評価能力に期待

　二次評価者の広い視野をもって、一次評価者の甘辛を調整するとともに、所属間の難易度の調整なども二次評価者が行う仕組みとなっている評価制度もあります。二次評価者は、単に一次評価者の評価を追認するだけの役割ではなく、より広い視点からの取組が求められるところです。

　二次評価制をとった場合、最終評価は（A）二次評価者の評価を最終評価とする場合と、（B）一次評価と二次評価の平均とする場合の、2通りが考えられます。多くの自治体では、二次評価者の評価を最終評価とする方式（A）をとっています。この場合、一次評価者と二次評価者との間で、評価結果が異なる場合には、両者の間での面談が行われることもあります。

STEP
3

発
展
編

この面談においては、評価についての意見が分かれる部分について、一次評価者は二次評価者に対して自分の意見をしっかりと説明し主張する必要があります。すぐに引き下がるのであれば、そもそもいい加減な評価をしていたと推測されてしまいます。かといって、評価決定は二次評価者によってなされるのであれば、理由なく意見を押し通すことはできません。なぜ、Aさんのこの項目についてS評価なのか、どういう事実に基づいているのか、などについてしっかりと二次評価者に説明できるようにしておくことが必要です。

　一次評価者と二次評価者の評価面談は、被評価者の評価結果についてのすり合わせの場面であると同時に、二次評価者が一次評価者の部下指導育成力・部下評価力を評価する場面でもあります。そのことをしっかりと認識しておくことが重要です。

第1章 人事評価を活かすための10のポイント

COLUMN

調整の進め方

「人事評価ガイド《評価者・調整者の手続編》」では、調整の進め方について次のように記しています。こちらも参考にしてください。

STEP
3

発展編

調整の進め方

調整者は、評価者による評価に不均衡等があるかどうかの審査を行います。不均衡等が調整されることにより、**人事評価に対する納得感の向上、昇任を含めた適材適所の人材配置、給与面でのメリハリのある処遇**などが図られるため、調整者は評価結果の審査等を適切に行う必要があります。

１．評価者による評価結果の審査

調整者は、評価者の行った**能力評価・業績評価それぞれの全体評語**に不均衡があるかどうかという視点から審査します。

【審査の視点】
ア 自己の把握する事実と評価者の評価とが大きく食い違っていないか
イ 特定の部分に重きを置き過ぎたバランスを欠く評価になっていないか
ウ 全体的な水準から見た評価の甘辛などの偏りがないか　等

また、調整に当たっては、必要に応じ、調整補助者や評価者からの情報収集を行います。

２．調整の実施

審査の結果、特に不均衡等が見られなければ、評価者と同じ全体評語を調整者欄に記載するとともに、氏名・調整の日付を記載します。（個別評語は任意）

不均衡等がある場合には、以下のいずれかの方法により調整を行います。
【自ら事実等を把握している場合等】
調整者欄に自ら評語を付すとともに、氏名・調整の日付を記載します。
【評価者の評価結果に甘辛などの偏りがある場合等】
評価者に再評価を命じ、再評価の結果、特に不均衡等が見られなければ、評価者と同じ全体評語を調整者欄に記載するとともに、氏名・調整の日付を記載します。

191

３．評価者への説明

　評価者の付けた評語を修正する場合及び再評価を命ずる場合については、**評価者に対し、十分その理由を説明**してください。被評価者に対し評価結果の開示に基づく指導・助言を行うのは評価者であり、**有効かつ円滑な指導・助言を行うためには、評価者がその理由を十分説明できることが必要**です。また、所見欄に理由を記載するという方法もあり得ます。

４．記録書の提出

　調整が終了した際には、必要事項を記載した記録書を提出します。

５．再調整指示があった場合の対応

　実施権者より再調整の指示があった場合には、必要に応じ実施権者にその理由等を確認し、上述の手順と同様に再調整を行い、再調整終了後、記録書を提出します。

　（調整者が置かれていない場合は評価者が再評価を行います。）

Memo　**実施権者による確認**

　　調整者による調整が終了した記録書を受領した後、評価の公正性の確保の観点を踏まえつつ、調整結果について、以下のような観点から審査し、必要に応じて再調整（又は再評価）を指示します。

　ア　調整者が行った調整は、不均衡があるかどうかという観点等から妥当に行われたか

　イ　評価者が行った評価は、定められた手続や基準に則って公正かつ的確に行われたか

　実施権者の確認の結果、再調整（又は再評価）を行う必要がない場合には、評価が確定します。なお、実施権者においては、自ら全体評語を変更したり、又は、同じ評語を記入したりすることはありません。

　また、評価結果の開示後に、評価結果に対して行われた苦情処理の結果、「評価（又は調整）が妥当でない」と判断された場合についても、苦情処理の結果を伝えたうえで、再評価又は再調整を行わせます。

第1章　人事評価を活かすための10のポイント

ポイント
10

「何のために評価するのか？」を常に振り返ること

　人事評価制度の運用を始めると、「評価すること自体」が自己目的化してしまう可能性があります。そのような評価者も散見されるところです。

　評価すること自体が目的なのではなく、評価によって何をしようとしているかが重要です。

　大事なことは、何のためにこの制度を導入するのかを明確に意識し、常に振り返ることでしょう。

　評価者は、このことを常に意識する必要がありますが、とりわけ、目標達成度評価のための「期末面談」及び評価結果の本人への「フィードバック面談」の際に重要となってきます。

　被評価者の達成度について被評価者の認識と異なっている場合、評価者は、評価の基礎・根拠となった本人の期間中の行動や事実を的確に示し、丁寧に説明して理解、納得を得る必要があります。そのうえで、評価結果が良かった場合でも悪かった場合でも、それを所与として、本人はどうすればよいのか、十分に発揮できなかった能力をよく発揮するためのアドバイス（よく発揮した能力であれば、それをほめると同時に、より一層発揮するためのアドバイス）、目標を達成できなかった原因を克服するために必要な指導など、きめ細かいフィードバックが求められます。

　評価結果を踏まえた丁寧なフォローアップこそ、人事評価を通じて人材育成をするという観点からは重要なことです。

STEP
3

発
展
編

自治体の最終目標である住民サービスの向上に資する有能な職員集団を築いていくにはどうすればよいか、そのためには職員の人材育成をどのようにすればよいか、人材育成に連動した評価をどのように考えるか、常に自問する必要があるでしょう。

　原点に立ち返って、評価プログラムの運用を継続することが求められているのです。

第2章

評価の精度を高めるための
人事評価研修

1 人事評価研修の重要性

　人事評価制度の成否は、制度に対する信頼性、納得性にかかっています。それを左右するのは、評価者の評価精度の高さです。そのためには、人事評価研修は欠かすことができません。多忙な中での研修実施は困難を極めますが、さまざまな知恵を絞ってそれを実現することが必要です。

■ 納得性の高い制度にするためにも研修は必須

　これまで繰り返し述べてきたように、職員に納得される人事評価のためには、基準の設計及び適用の両面における客観性、公平性の確保が必要です。

　そのためには、まず人事評価制度の設計段階において、評価基準自体、評価者の主観が入り込みにくいよう設計する必要があることはいうまでもありません。

　次に、適用面での客観性・公平性の確保のためには、実際に評価に当たる評価者を対象とした評価者訓練の整備が不可欠です。

　自治体の場合、評価者訓練を十分実施しているところは多くはありません。

　実施しているといっても形ばかりの講演会を1回開催するだけという例も目立ちます。それすら開催せず、文書による通知のみで終わらせているところも多いですが、そもそも人事評価制度の客観性を高めようという考えがあるのかどうか疑わしいといえます。

第2章 評価の精度を高めるための人事評価研修

　組織管理の重要なツールである人事評価制度の成否は、公平性、納得性の確保にかかっています。評価の甘辛を調整し、評価誤差をできるだけ少なくするためにも、評価者全員を対象に、繰り返し人事評価研修を行う必要があります。手間暇を惜しんで制度への信頼そのものを失っては元も子もありません。

民間企業でも研修の充実は課題

　とはいうものの、実は、民間企業においても、評価者訓練は必ずしも満足のいくものとなってはいないのが現状です。厚生労働省が行った『雇用管理調査』などからも、考課者訓練、評価者研修が不十分であるといった回答が多く寄せられています。

　つまり、民間企業においても、その多くで考課者訓練は十分になされているとは言い難い状況にあります。

　民間企業に比べて人事評価制度の導入が遅れている自治体においては、今後、考課者訓練・評価者訓練が大きな課題としてクローズアップされてくることになるでしょう。

国家公務員の場合

　国家公務員の場合、勤務官署が各地に散らばっていて、合同で人事評価研修を実施するのが困難という事情もあります。そこで、現在では、評価者全員を対象とした、人事評価eラーニングの教材を用いて、研修が行われています。この研修は、評価補助者も希望すれば受講できることになっています。

STEP
3

発
展
編

工夫次第で評価者訓練を継続的なものに

　多忙な管理職を集めて評価者訓練をするのは、実施コストの点でも、参加者の時間的コストの点でも大変なことです。しかし、国家公務員の場合のように、eラーニングによって進めるやり方もあるでしょうし、また、対面での集合研修も、やりようによっては、実施コスト、時間的コストのどちらも削減した上で、同様の効果をもたらす研修を行うことも可能です。

　例えば、研修講師に多額の費用がかかることから、ある市では評価者訓練の講師を自前で養成し、その人を毎年の講師として任命しています。また、別の組織では、WEB上での評価者訓練を実施しています。

　大阪府内の市町村職員研修所である大阪府市町村振興協会（マッセOSAKA）は、eラーニング教材であるCD‐ROMを、評価者用と、被評価者用の2種類、自前で作成し、数百枚単位で、府内の市町村に貸し出しています。集合研修をしなくても、eラーニングで評価者訓練を行うことを目指しています。

　これらの例のように、工夫次第では、人事評価研修を行う方法はさまざまに考えられるところです。

第2章　評価の精度を高めるための人事評価研修

COLUMN

自前でのモデル人事評価者研修実施例

　庁内で講師を調達して行う人事評価者研修には次のようなものが考えられます。

評価者研修（半日コース）

時間	カリキュラム	講師等
9：25	オリエンテーション 　責任者（市長、副市長、人事部長など）のあいさつ（10分） 　本日の研修の進め方の説明（5分）	市長等 司会
9：40	制度説明 　当市における制度導入の経緯（5分） 　1年間の流れについての説明（5分） 　評価要素・評価項目についての説明（10分） 　人事評価の法的根拠・通達など（5分）	人事担当者
10：05	人事評価のめざすもの 　当市の求める職員像（10分） 　人事評価の意義・目的（15分） 　管理職の業務と人事評価（10分） 　行動観察記録について（5分）	人事部長・課長
10：45	休憩	
10：55	人事評価項目と評価エラー 　人事評価項目の個別説明（20分） 　陥りやすい評価エラーの紹介と対策（10分）	人事担当者
	目標管理の進め方 　目標管理シートの書き方（15分） 　当市におけるウエイト付けの考え方（10分）	人事担当者
11：50	面談の進め方（30分）	人事部長・課長
12：20	終了 アンケート調査記入・回収	

参加者には事前に人事評価マニュアルを読んでおいてもらうこと

STEP
3

発
展
編

評価者研修（1日コース）

時間	カリキュラム	講師等
9：25	オリエンテーション 　責任者（市長、副市長、人事部長など）のあいさつ（10分） 　本日の研修の進め方の説明（5分）	市長等 司会
9：40	制度説明 　当市における制度導入の経緯（5分） 　1年間の流れについての説明（5分） 　評価要素・評価項目についての説明（10分） 　人事評価の法的根拠・通達など（5分）	人事担当者
10：05	人事評価のめざすもの 　当市の求める職員像（10分） 　人事評価の意義・目的（15分） 　管理職の業務と人事評価（10分） 　行動観察記録について（5分）	人事部長・課長
10：45	休憩	
10：55	人事評価項目 　人事評価項目の個別説明（35分）　各評価項目記入上の注意	人事担当者
11：30	事例演習 　活用研報告書（93-96頁）の事例（または市独自作成事例）の 　個人作業 　　（個人読み込み、市様式の評価シートへの記入）（30分）	研修受講者
12：00	昼食休憩（作業終了者から順次）	
13：00	グループワーク 　グループワークの進め方の説明（10分） 　グループワーク（80分） 　　「個人評価表（佐藤係員を評価する）（グループ作業用）」 　　「個人評価表（田中係長を評価する）（グループ作業用）」	人事担当者 研修受講者
14：30	グループ発表（50分）	
15：20	市としての評価	人事部長・課長
15：30	休憩	
15：40	目標管理の進め方 　目標管理シートの書き方（15分） 　当市におけるウエイト付けの考え方（10分）	人事担当者
16：05	面談の進め方 　面談のイロハ（10分） 　期首面談（15分） 　中間面談（5分） 　期末面談（25分）	人事部長・課長
17：00	本日のまとめ	人事部長・課長
17：10	終了 アンケート調査記入・回収	

参加者には事前に人事評価マニュアルを読んでおいてもらうこと

第2章 評価の精度を高めるための人事評価研修

2 人事評価研修の目的と手順

評価研修で何を目指すか

　人事評価のプロセスにおいて、上司の果たす役割は極めて重要です。評価者には、目標設定の仕方、その指導の仕方、能力評価の仕方、これらの評価結果に基づいて本人の育成プランをともに構築することなどのスキルが求められることになります。これらの能力は、管理者としては当然持っているべきでしょうが、実態はそうなってはいません。

　全庁的に育成的風土を盛り上げていくためには、全管理者に対する集中的訓練を展開し、スキルを育成していく必要があります。人事評価研修の直接的な目的は、評価の意義・実施手順についての正しい理解を得るとともに、評価基準についての共通認識をつくることです。陥りやすいエラーを認識して、それを避け、部下の不信感を招かないようにすることも重要な目的です。また、人事評価研修は、マネジメント能力を磨く場でもあるのです。

評価者研修の進め方

　人事評価研修は、具体的には次のように進められていくのが通例です。

STEP
3

発展編

201

① 基本的事項の説明

　人事評価の目的と人事関連諸制度の中での位置づけ、実施手順、評価基準についての説明を行います。人事評価マニュアルを教材として、その要点の解説を進めることになります。これは主として人事担当セクションの者が講師となることが多いでしょう。

② 演習、ビデオなどによる実際例の提示

　実際の職員モデルをもとに、職員の行動例、能力例、目標設定例などを提示します。

③ 評価基準による各人による評価

　上記で提示されたモデルに対して、その職員が自分の部下であればどのような評価を行うのかについて、各人が評価を行います。

④ 各人の評価結果の発表と小グループによるすり合わせの討議
（グループ評価まで）

　小グループで、各人の評価結果を相互に検討し合います。評価が異なるのはどのような視点が入ったからなのか、あるいは、どのような見方が足りなかったからなのか、具体的に議論を進めていきます。

⑤ グループ評価の発表

　小グループごとにすり合わせた結果を全体の場面で報告します。

⑥ 講師のコメント

　各グループの報告に対して、講師からのコメントを加えて、全体の目揃いを図ります。この場合は、外部講師に依頼することもあるでしょう。

　このように、人事評価研修の主眼は、評価制度の趣旨やその具体的内容の周知と、事例を教材にした受講者間の評価基準のズレのすり合わせに置かれることになります。

第2章 評価の精度を高めるための人事評価研修

3 人事評価制度の具体例

　ここで、実際に自治体で行われている人事評価制度の実例を紹介します。

　「地方公共団体における人材マネジメント推進のためのガイドブック」（総務省、令和5年3月）で紹介されているものから、岐阜県の例について見てみましょう。

STEP
3

発
展
編

取組事例：岐阜県　職員数：25,990人

「総合的な評価者サポート」
～人材育成につながる人事評価制度の運用を目指して～

　岐阜県では人事評価を、自発的な能力開発等を促すことに結びつけるための重要な人材育成ツールと位置付けています。人事評価制度を人材育成に活用するためには、評価者と被評価者が積極的にコミュニケーションを図ることが重要との認識に立ち、評価者が人事評価面談等において、「人材育成を意識した助言・指導」や「評価理由の十分な説明」を行えるよう、人事評価研修や評価者ハンドブックの配布、評価者チェックシートの活用等により、評価者のスキルアップを総合的にサポートしています。

■　取組の経緯
○岐阜県では、平成26年度から人材育成のために勤務評定結果の開示と指導助言を開始し、平成28年度から全職員を対象とした人事評価制度を導入しました。

■　取組内容とポイント
　○評価者の意識醸成とスキルアップ
　　・岐阜県では、人事評価を人材育成に活用する上で、評価者の「人

203

事評価の人材育成への活用に係る意識醸成」と「評価・説明スキルの向上」が重要と考えています。
- 新任係長・課長補佐級研修や新任課長級研修に人事評価についての科目を組み入れることによって、人事評価方法や面談に対するスキルアップを図っています。
- 研修内容については、人事評価の目的や目標設定のポイント、面談の目的や進め方等であり、外部講師による講義とグループワークで構成されています。

○忙しい評価者のために評価者ハンドブックを作成
- 平成30年度から係長級以上の職員に対し、日常的に参照してもらえるよう、「評価者ハンドブック」を配布し、評価者となる職員が適正な人事評価とフィードバックを行えるようサポートしています。
- 評価者ハンドブックには、①評価者としての心構え、②評価にあたっての注意事項、③日頃の職務行動の観察記録、④評価面談の留意点、⑤結果開示の留意点について、要点を簡潔にまとめています。合わせて職務行動記録シートがついており、評価の裏付けとなる被評価者の様子を書き記すことができます。

〈工夫のポイント〉

評価者ハンドブックはコンパクトかつ見やすさを重視

- 評価者ハンドブックを作成したきっかけは、人事評価マニュアルが100ページを超えるボリュームのため、職務で忙しい職員は中々見ることができないという問題意識からでした。
- そのため、サイズはA5サイズとし必要最低限の情報のみを記載し、見やすくしています。
- また、よく聞かれるQ&Aを掲載するなど、評価者がより使いやすくなるように随時改定を行っており、評価者からも好評を得ています。

○評価者チェックシートで要点復習
- 上半期と下半期の評価時期の前に、評価者に対して、庁内システム（評価者チェックシート）を活用したチェックテストを実施し、

第2章　評価の精度を高めるための人事評価研修

人事評価の精度向上に努めています。

・テストの内容は、人事評価の対象とする業務（例：公務外の行動は評価しない）や期間（例：前回の評価結果に影響されない）といった基礎的な問題や評価を行うに当たってのエラー（ハロー効果、寛大化・厳格化傾向）回避を目的とした問題など全部で5問程度です。ハンドブックを見れば正解できる簡易な内容としており、職員に負担感なく取り組んでもらえるよう工夫しています。

STEP
3

発展編

〈工夫のポイント〉

評価者チェックシート

- 人事評価の精度向上を目的として、評価者チェックシートを活用しています。
- 係長以上の職員を対象に、5つの設問に○×で回答してもらい、その場で自己点検を行います。
- システム上で回答した後、設問についての解説が表示されるようになっており、不正解だった場合には、評価者がその場で誤りに気づき、理解を深められるようにしています。
- 評価者チェックシートの設問は毎回異なり、「テレワークの評価方法」などタイムリーな設問も出題します。

	評価者チェックシートの設問例	選択肢 (○or×)
1	A主事、B主事、C主事は、入庁3～4年目の職員で、強みや弱みはそれぞれあるが、いずれも与えられた仕事をきちんとこなす真面目なタイプの職員である。 3人の中では、A主事が仕事も速くミスも少ないので、より高い評価を付けることにした。	×
2	F主査は在宅勤務が多く、仕事ぶりをオフィスで確認することが困難であったため、総合評価を低くつけた。	×
3	D主任は、明るく人付き合いが良いとの評判であり、実際、そのような印象を与えるものであった。 このような印象を与える職員の能力は概して高いと思われたため、個々の評価項目にとらわれることなく、総じて高い評価を付けることとした。	×
4	…	
5	…	

■設問を読み、記述が正しいと思う場合には「○」を、間違っていると思う場合には「×」を記入してください。
(注：設問中の登場人物は架空の人物であり、実際の職員内容、職務行動とは全く関係ありません。)

■ **取組の効果**

○岐阜県では「被評価者の納得度」が人事評価制度において最も重要と考えており、そのことを研修やハンドブックなどを通して評価者に伝えてきました。

○人事評価制度の効果測定のために、平成30年から被評価者に対して面談や結果開示に着目したアンケートを実施しており、評価理由の納得度については、例年約90%の納得度が得られています。

○評価者のスキルアップに資する様々なツールの提供が、アンケートの結果につながっていると考えています。

205

用 語 集

アイスブレイク　　会議や面談などの前に、参加者同士の抵抗感をなくすことを目的に行うコミュニケーション促進のための会話やグループワーク。

インセンティブ　　誘引。目標を達成するための刺激。刺激・動機。

簡易コンピテンシー　コンピテンシーの手法をより簡易にして、評価者に使いやすくしたもの。

業績評価　　仕事の質や量、職務目標の達成度での評価。仕事の正確性や内容の充実度、作業量や業務のスピード、設定した目標に対してどの程度達成したかを評価する方法。

勤務評定　　人事の公正な基礎の1つとするために、職員の執務について勤務成績を評定し、これを記録すること。昭和25年に制定された地方公務員法第40条に規定されていた。国家公務員法も同様の規定を設けていたが、平成19年法改正により、また、地方公務員法については平成26年法改正により、それぞれ人事評価に置き換えられた。

傾聴　　耳を傾けてきくこと。熱心にきくこと。

コンピテンシー　　特定の業務において継続的に高い成果を上げている人材が発揮した能力や行動の特性。

コンピテンシー辞書　コンピテンシー評価において使われる評価基準書。ハイパフォーマーの行動観察から成果に結びつく具体的な行動を抽出して作成される。

コンピテンシー評価	優秀な職員の行動を分析し、パターン化したものを評価基準として、この基準に合致する行動の頻度で行う評価。
自己評価	客観的に自らの評価を振り返り、自己の評価を正しく認識し、自らの能力開発につなげるために評価する方法。
事実評価の原則	評価に際しては、客観的な業績や職務遂行上の行動等の事実に基づき評価を行わねばならず、想像や憶測で評価してはならないとする原則。
人材育成基本方針	職員の能力開発を効果的に推進するため、人材育成の目的や方策などを記した人材育成に関する基本方針。
絶対評価	評価する項目を、一定の基準に照らし合わせて評価する方法。
相対評価	複数の被評価者を比較し、集団内での相対的位置（順位）によって評価する方法。
多面評価（360度評価）	直属の上司だけではなく、同僚や部下、後輩、業務上関連のある他部署の職員が行う評価。
能力評価	個人が保有する能力、意欲、行動についての評価。 仕事を進めていく上での必要な知識や技術などの職務遂行能力、担当業務に責任感を持ってやり遂げたか、積極的に業務に取り組んだかなど、仕事の取組み姿勢、成果を挙げるために能力を有効に発揮しながら、どのように行動したかを評価する方法。

ハイパフォーマー	特定の職務において継続的に高い成果を上げている人材。
被評価者	人事評価において評価をされる人。
評価期間	人事評価の対象となる期間。
評価期間独立の原則	評価に際しては、当該評価対象期間の職務遂行の状況や結果に基づき評価を行うべきという原則。過去の業績等にとわられてはならない。
評価誤差	評価者が無意識のうちに陥る誤りを指す。主なものに、ハロー効果、寛大化傾向、中心化傾向、対比誤差などがある。13頁以降参照。
評価者	人事評価において評価する人。
フィードバッカー	評価結果を被評価者に伝える人。通常は、直属の上司である評価者がフィードバッカーになる場合が多い。
フィードバック	評価結果、その根拠等を被評価者に提示し、これに基づいて、評価される側の次の思考や行動をより適切なものにしていく仕組み。人事評価においては、評価者が被評価者に、評価結果を適切な助言など交えながら伝えることに用いられる。
プロセス評価	結果にいたるまでの行動や能力などの過程（プロセス）も評価する方法。

分限処分	公務能率を維持し、適正な運営を確保するため、一定の事由により、職員の意に反する不利益な身分上の変動をもたらす処分のこと。免職、休職、降任、降給の4種類ある。
目標による管理	職場の現状や職員の担当業務に応じた目標を職員1人ひとりが設定し、その達成度によって評価を行うもの。
モチベーション	動機づけ。やる気を起こさせる内的な心の動き。モラールとよく似た概念だが、モラールはどちらかといえば集団全体の仕事意欲を指し、モチベーションは個人の仕事意欲を指す場合が多い。
モラール	目標を達成しようとする意欲や態度。勤労意欲。やる気。
NPM（ニュー・パブリック・マネジメント）	民間にできるものはできるだけ民間に任せ、公務に残ったものについても、民間企業における経営、会計、報告などの手法を公共部門に適用し、効率性を高めようという議論。
OJT	On-the-job training（オン・ザ・ジョブ・トレーンング）の略。職場での実務を通じて行う教育訓練。
PDCA	PDCAサイクルとは、プロジェクトの実行に際し、「計画を立て（Plan）、実行し（Do）、その評価（Check）に基づいて改善行動（Action）を起こす、という工程を継続的に繰りかえす」仕組み・考え方。PDSサイクルとほぼ同じ考え方。

索 引

〈あ〉

アウトプット ……………… 23

〈い〉

育成の論理 ……………… 27
イメージ効果 …………… 15
意欲 ………………………… 28
インプット ……………… 23

〈う〉

ウエイト配分 …………… 48
運用研報告書 ……………… vi

〈か〉

会計年度任用職員 ……… 149
下位評価 ………………… 62
活用研報告書 ……………… vi
簡易コンピテンシー ……… 32
寛大化傾向 …………… 14,16

〈き〉

期首面談シナリオシート ……118
期首面談の進め方 ……… 116
期末面談シナリオシート ……126
期末面談準備カード ……… 129
期末面談の進め方 ……… 124
逆算化傾向 ……………… 16
客観性の確保 …………… 70
給与への反映 …………… 63
業績評価 ………………… 76

〈業〉

業務遂行プロセス ……… 21
業務目標 ………………… 92
勤務評定 ………………… 6

〈け〉

厳格化傾向 ……………… 16
研修 ………………… 71,195
兼務の場合の人事評価 …… 147

〈こ〉

行動 ………………………… 28
公平性の確保 …………… 70
コーチング ……………… 110
個人目標 ………… 37,101,103
個人目標設定の流れ ……… 160
コンピテンシー評価 ……… 30

〈さ〉

360度評価 ……………… 75,137

〈し〉

事実評価の原則 …………… 11
上位目標との連結 ……… 103
人材育成への活用 ……… 54
人事評価
　——の基本的仕組み ……… 3
　——の基本ルール ……… 11
　——の要素 …………… 21
人事評価制度 ……………… 6

〈す〉

スループット ……………………… 23

〈せ〉

性格評価の排除 ………………… 31
絶対評価 …………………………… 24
絶対評価の相対化 ……………… 51
潜在能力 …………………………… 22
選抜の論理 ………………………… 27

〈そ〉

相対処理 …………………………… 51
相対評価 …………………………… 24
組織目標 ……………… 37,101,103
組織目標設定の拠り所 ……… 105

〈た〉

第18次公能研報告書 …………… vi
対比誤差 ……………………… 15,16
短期反映 …………………………… 49
短期評価 …………………………… 49

〈ち〉

中間面談の進め方 …………… 121
中期評価 …………………………… 50
中心化傾向 …………………… 14,16
長期反映 …………………………… 49

〈て〉

定型的な部門における目標設定
………………………………………… 93
点数制 ……………………………… 53

〈と〉

トップダウンの統制 …………… 40

〈な〉

内閣人事局・人事院
「人事評価ガイド」…………… vi
難易度の調整 …………………… 98

〈に〉

任用への活用 …………………… 57

〈の〉

能力 ………………………………… 28
能力の種類 ……………………… 21
能力評価の方法 ………………… 28

〈は〉

発揮能力 …………………………… 22
離れた部署での評価 ………… 144
パフォーマンスの向上 ……… 24
ハロー効果 …………… 13,15

〈ひ〉

被評価者の留意点 …………… 158
評価エラー ……………… 15,73
評価期間 …………………………… 49
評価期間独立の原則 ………… 12
評価基準 ………………… 70,73
　——公表の重要性 ………… 20
　——に基づく評価 ………… 12
評価結果
　——の開示 ………………… 17

211

──の開示範囲 ……………133
──の活用 ………… 43
──の調整 ………… 72
評価誤差 ……………… 13, 73
評価シート ………… 80
評価者訓練 …………74, 196
評価者研修 ……………196
──の重要性 ………196
──の目的と手順 ………201
評価者の多層化 ……… 75
評価面談の方法 ……………108
評価要素 ………… 21
──のウエイト ……………78
──の組み合わせ方 ……21

〈ふ〉
フィードバッカーの育成 ……… 18
フィードバックの必要性 ……… 17
部下が専門職の場合の評価 ……139
プロジェクトの取扱い ………… 90
分限処分への活用 ……………… 59

〈ほ〉
ボトムアップの管理 …………… 40

〈め〉
面談
──開始前の準備 …………111
──の位置 ………………113
──の心構え ……………108
──の重要性 ……………108
──の進め方 ………………113

──ガイドライン …………136

〈も〉
目標
──の表現方法 ……………88
──のブレイクダウン ………105
──の連鎖 ………………106
目標管理シート ……………… 80
目標管理制度 ………………… 36
目標管理制度の導入理由 ……… 36
目標管理
──の機能的側面 ………… 39
──の参加的側面 ………… 39
──の手法 ………………… 36
目標設定のイメージ図 ………104
モチベーション ……………… 22

〈る〉
ルーティン業務の目標設定 …… 91

〈ろ〉
労働意欲 ……………………… 22
論理的錯誤 …………………… 16

212

著者プロフィール

稲継 裕昭（いなつぐ・ひろあき）

大阪府生まれ。京都大学法学部卒。京都大学博士（法学）。大阪市職員、姫路獨協大学助教授、大阪市立大学教授、同法学部長などを経て、2007年から早稲田大学政治経済学術院教授。

総務省人事評価活用研委員、人材育成等アドバイザー、社会の変革に対応した地方公務員制度のあり方に関する検討会委員・分科会長、内閣官房新型インフルエンザ等対策推進会議委員、大阪府人事委員等を歴任。

著書として『国家公務員の人事評価制度』（成文堂）、『日本の官僚人事システム』『人事・給与と地方自治』『行政ビジネス』（以上、東洋経済新報社）、『公務員給与序説』『地方自治入門』（以上、有斐閣）、『自治体の人事システム改革—人は「自学」で育つ』『プロ公務員を育てる人事戦略』『プロ公務員を育てる人事戦略PART２』『自治体行政の領域「官」と「民」の境界線を考える』（以上、ぎょうせい）、『自治体の会計年度任用職員制度』（学陽書房）、『自治体ガバナンス』（放送大学教育振興会）、『シビックテック—ICTを使って地域課題を自分たちで解決する』（勁草書房）ほか多数。

よくあるお悩みからレアケースまで
新版 自治体人事評価 Q&A

令和 6 年 10 月 15 日　第 1 刷発行

著　　者　　稲継 裕昭

発　　行　　株式会社 **ぎょうせい**

〒136-8575　東京都江東区新木場 1-18-11
URL：https://gyosei.jp
フリーコール　0120-953-431

〈検印省略〉　ぎょうせい お問い合わせ　検索　https://gyosei.jp/inquiry/

印刷　ぎょうせいデジタル㈱　　　　　　　©2024 Printed in Japan
＊乱丁・落丁本はお取り替えいたします。　　　　禁無断転載・複製

ISBN978-4-324-11456-8
(5108967-00-000)
〔略号：人事評価QA(新版)〕